Best Case Scenario
Wie Demokratischer Kapitalismus den Planeten retten kann

Aus dem Englischen von Stephan Waba

Verlag: Jakubiak & Fischer GmbH, Moosstr. 4, 83404 Ainring

Copyright 2021 Jakubiak & Fischer GmbH, alle Rechte vorbehalten

Teile dieses Buches können für Medienartikel, persönliche Webseiten oder in kommerziellen Beiträgen und sozialen Medien wiederverwendet werden, wenn sie mit Quellenangabe zu dieser Ausgabe, sowie einer Referenz zur Webseite http://michaelantonfischer.com versehen sind. Die Inhalte des Buches zu kopieren und in anderem Format zu verkaufen, ist nicht erlaubt.

„Umgib dich mit Menschen, die dich glücklich machen. Menschen, die dich zum Lachen bringen, die dir helfen, wenn du in Not bist. Menschen, die sich wirklich interessieren. Sie sind es wert, in Ihrem Leben behalten zu werden. Alle anderen gehen nur durch."
– **Karl Marx**

Prolog

Dies ist ein Buch über den Kapitalismus und wie wir ihn besser machen können.

Vielleicht denken Sie sich jetzt: *'Wenn es hier um Kapitalismus geht, warum beginnt das Buch dann mit einem Zitat von Marx?'*

Nun, ich habe es mit einem Zitat von Marx eröffnet, weil es eine so allumfassende Wahrheit enthält, dass hoffentlich jeder mit dieser Aussage einverstanden ist. Was ich Ihnen mit diesem Zitat zeigen möchte, ist, dass jeder, sogar Ihr schlimmster Feind, manchmal Recht hat. Und um zu betonen, dass jeder, egal wie dumm er oder sie zu sein scheint oder wie sehr Sie mit ihm oder ihr nicht übereinstimmen, ein Stück Weisheit in sich trägt, die Sie noch nicht kennen oder an die Sie erinnert werden müssen.

Bitte behalten Sie dies während des gesamten Buches im Hinterkopf.

In den folgenden Kapiteln erwartet Sie eine Analyse der westlichen Volkswirtschaften und politischen Landschaften. Was gut ist, was schlecht ist und wie wir es meiner Meinung nach verbessern können.

Natürlich erhebe ich nicht den Anspruch, unfehlbar zu sein. Bitte betrachten Sie meine Ideen als Inspiration, ergänzen Sie sie und entwickeln Sie die Konzepte weiter.

Denken Sie bitte daran, dass ich in diesem Buch direkt und offen sein werde, eine deutliche Sprache verwende und Menschen oder Konzepte angreife, wenn ich das Gefühl habe, dass das notwendig ist. Ich leihe mir gute Ideen aus allen Quellen, sei es Gandhi oder Marx.

Retten wir diesen Planeten gemeinsam.

"Kapitalismus, auch freie Marktwirtschaft genannt, Wirtschaftssystem, das in der westlichen Welt seit dem Zusammenbruch des Feudalismus vorherrscht, in dem die meisten Produktionsmittel in Privatbesitz sind und die Produktion und Einkommensverteilung weitgehend durch das Funktionieren von Märkten gesteuert wird."
– **Encyclopaedia Britannica**

"Definition von Kapitalismus: ein Wirtschaftssystem, das durch privates oder unternehmerisches Eigentum an Kapitalgütern, durch Investitionen, die durch private Entscheidung bestimmt werden, und durch Preise, Produktion und Verteilung von Gütern, die hauptsächlich durch den Wettbewerb auf einem freien Markt bestimmt werden, gekennzeichnet ist."
– **Merriam-Webster**

Kapitel 1 – Was ist Kapitalismus?

Beginnen wir mit einer einfachen Frage: Was ist Kapitalismus? Auf den ersten Blick mag es töricht erscheinen, diese Frage zu stellen, da jedem Kind im Westen der Kapitalismus vom ersten Tag in der Schule oder sogar schon Kindergarten an beigebracht. Aber nehmen Sie die Frage bitte ernst, sie ist schwieriger, als sie erscheinen mag.

Im Laufe der Jahre habe ich Dutzende verschiedener Definitionen von Kapitalismus gelesen oder gehört. In Lehrbüchern ist meist die Rede davon, dass er durch den freien Markt bestimmt wird, der die Güter zuteilt, und dass Angebot und Nachfrage die Preise gestalten. Aber auch das Konzept des Privateigentums an Kapital und Produktionsmitteln ist sehr wichtig.

Lange Zeit habe ich selbst diese Definitionen verwendet und sie nie in Frage gestellt, bis ich einen Vortrag von Prof. Richard Wolff gesehen habe. Er ist ein marxistischer Professor, und ich empfehle Ihnen dringend, sich seine Videos auf YouTube sowie seine Bücher und Veröffentlichungen anzusehen.

Obwohl ich mit ihm nicht immer einer Meinung bin, bringt er durchaus einige stichhaltige Ideen und Argumente vor und hat ein unheimliches Talent, den Finger auf die Widersprüche und Probleme unseres modernen Kapitalismus zu legen.

Was er in dem von mir erwähnten Vortrag hervorhob, war, dass die gängigen Definitionen von Kapitalismus weitgehend oder vollständig auch auf andere

Wirtschaftssysteme zutreffen, vor allem auf Sklaverei und Feudalismus. Und wenn Sie einen Blick auf die Definitionen werfen, die ich zu Beginn dieses Kapitels zitiert habe, stimmen Sie sicher zu.

Freier Markt? Die Sklaverei hatte freie Märkte. Einige feudalistische Länder hatten relativ freie Märkte.

Privateigentum an Kapital und Produktionsmitteln? Sklaven waren oft in Privatbesitz, ebenso die Produktionsmittel. Ebenso gab es in vielen feudalistischen Gesellschaften reiche Privatleute, die Eigentum und Fabriken besaßen.

Wo liegt also der Unterschied? Was ist das unterscheidende Kriterium?

Als ich dieses Problem erkannte, begann ich nach besseren Definitionen zu suchen. Und natürlich gibt es einige Ökonomen, die versuchen, das Problem zu lösen. Einige ihrer Definitionen ändern den Wortlaut, indem sie sich auf die demokratischen Prinzipien im westlichen Kapitalismus konzentrieren. Aber auch das hilft nicht, denn es gibt viele Diktaturen, die gemeinhin als kapitalistisch gelten. Bis heute habe ich keine einzige prägnante Definition des Kapitalismus gefunden.

Prof. Wolff kommt dem vielleicht am nächsten, wenn er Kapitalismus über das Arbeitgeber-Arbeitnehmer-Verhältnis definiert.

Diese Definition ist sicherlich ansprechend, da sie den Kapitalismus klar von Feudalismus und Sklaverei abgrenzt. Allerdings grenzt sie den Kapitalismus nicht klar von Chinas Wirtschaft ab, die sich selbst als sozialistisch bezeichnet und von den westlichen Medien entweder als kommunistisch/sozialistisch oder kapitalistisch bezeichnet wird, je nachdem, was sie damit bezwecken wollen.

Richard Wolff versucht dieses Problem zu beseitigen, indem er die Systeme Chinas und Sowjetrusslands als "Staatskapitalismus" bezeichnet und behauptet, dass Lenin solche Systeme so genannt hat.
Diese waren immer nur als Übergangslösung gedacht, bevor der "echte" Kommunismus eingeführt würde. Wie die meisten Provisorien erwiesen sie sich jedoch als relativ langlebig und werden heute zu einem Grad mit den Wörtern "Kommunismus" und "Sozialismus" in Verbindung gebracht, dass es meiner Meinung nach sinnlos ist, sich für eine andere Bezeichnung einzusetzen.

Um die Definitionsfrage weiter zu verkomplizieren, haben moderne Kapitalisten viele verschiedene Denkschulen gebildet, die sie einfach "Kapitalismus" nennen, die sich aber oft gegenseitig ausschließen.

Eines der besten Beispiele zeigt ein Mission Money-Interview mit Thorsten Polleit, Chefvolkswirt von Degussa und Honorarprofessor an der Universität Bayreuth, das am 16.11.2020 auf YouTube veröffentlicht wurde.

Polleit ist ein eingefleischter Liberalist/Neoliberaler[1], der sich für eine vollständige Privatisierung einsetzt, die auch Polizei, Schulen, Krankenhäuser, Feuerwehr und sogar Straßen umfasst.

In dem Video führt er eine Definition von Kapitalismus an, die der des Merriam-Webster sehr ähnlich ist, die ich oben zitiert habe, doch dann fährt er fort, jeden, der nicht mit seiner anarcho-kapitalistischen Weltsicht übereinstimmt, einen "Antikapitalisten" zu nennen und behauptet sogar, dass es derzeit kein einziges kapitalistisches Land auf der Welt gibt. Sein Name für unsere westliche Wirtschaft ist "Interventionismus".

Diese Heuchelei erinnert mich an einige religiöse Diskussionen, die ich miterlebt habe, wo zum Beispiel Baptisten behaupten, dass Mormonen und Katholiken "nicht wirklich Christen" sind. Aber dann später, wenn es um die Anzahl der Christen in der Welt geht, schließen sie diese Gruppen natürlich plötzlich mit ein, weil ihrer Definition nach der Islam und der Hinduismus größere Religionen sind als das Christentum, was auch nicht in ihr Weltbild passt.

Also, meine Meinung zur Definition von Kapitalismus, Sozialismus usw. ist, dass wir jedem erlauben sollten, den

---

[1] Ich verwende in diesem Buch die Begriffe Libertär und Neoliberal als Synonyme. Ich habe noch keine klare Definition gefunden, die sie voneinander abgrenzt. Und da mir aufgefallen ist, dass in den USA oft "Libertarian" für das verwendet wird, was wir in Europa "Neo-Liberal" nennen und umgekehrt.

Namen der Religion - ähm, ich meine Wirtschaftssystem - zu wählen, mit dem er sich identifiziert. In diesem Buch nenne ich normalerweise den Namen einer Gruppe neben dem Namen ihrer Identität, um Missverständnisse zu vermeiden.

So werde ich das Wirtschaftssystem, für das ich eintrete, "Demokratischer Kapitalismus" nennen.

Natürlich bin ich mir darüber im Klaren, dass andere eine von mir abweichende Definition dieses Begriffs beanspruchen. Das sollte aber kein gravierendes Problem darstellen, denn die gängigste Definition dessen, was in den Lehrbüchern als "Demokratischer Kapitalismus" bezeichnet wird, ist gleichbedeutend mit dem, was wir in Deutschland als "Soziale Marktwirtschaft" bezeichnen.

P.S. Wenn das Video von Mission Money, "Thorsten Polleit: Darum leben wir gar NICHT im Kapitalismus" noch online ist, wenn Sie dies lesen, empfehle ich Ihnen, es anzusehen.
Die Ideen, die in diesem Video diskutiert werden, werden in diesem Buch ein paar Mal auftauchen. Hauptsächlich, um zu zeigen, wie naiv und geschichtsvergessen diese Ansichten sind, aber überraschenderweise sind einige der vorgeschlagenen Ideen relativ ähnlich zu den Ideen, die ich hier vorschlage.

"Gute Nachrichten, gute Nachrichten, gute Nachrichten
Das ist alles, was sie hören wollen
Nein, sie mögen es nicht, wenn ich am Boden bin
Aber wenn ich fliege, oh, dann fühlen sie sich so unwohl
So anders, wo ist der Unterschied?"
– **Mac Miller – Good News**

Kapitel 2 - Gute Nachrichten

Nachdem ich Sie im ersten Kapitel mit Definitionen gelangweilt habe, versuche ich nun, es ein wenig aufzupeppen. Anstatt also in eine Definition des "Demokratischen Kapitalismus" einzutauchen, möchte ich Ihnen zunächst einige der guten Nachrichten mitteilen, die dieses System für Sie bereithält:

1. Keine Einkommenssteuer
2. Keine Körperschaftssteuer
3. Überhaupt keine Steuern
4. Ein großes fettes Grundeinkommen[2]
5. Sie können Milliardär werden
6. Sie können nicht verheerend arm sein
7. Es ist extrem demokratisch und frei

Hat Ihnen das gefallen? Wenn ja, hoffe ich, dass Sie jetzt gefesselt genug sind, um weiterzulesen und eine weitere Definition zu ertragen. Während also das ganze Buch das Konzept erklärt und zeigt, wie wir diese sieben (und mehr) Vorteile erlangen können, folgt hier, was ich Demokratischen Kapitalismus nenne:

Demokratischer Kapitalismus - ist ein Wirtschaftssystem, das vornehmlich auf einer freien Marktverteilung von Gütern und Dienstleistungen

---

[2] Eine monatliche Zahlung, die jedem Bürger ohne Bedingungen zur Verfügung gestellt wird.

basiert, wobei die Produktionsmittel weitgehend demokratisch kontrolliert werden.

Und wo der freie Markt durch ein starkes Rahmenwerk von Menschen-, Tier- und ökologischen Rechten begrenzt ist, die durch ein demokratisches System durchgesetzt werden, das sorgfältig zwischen wirtschaftlicher Freiheit und anderen Freiheiten abwägt.

Keine Regierung kann mit Subventionen oder Steuern in den Markt eingreifen, aber demokratische Entscheidungen können sicherstellen, dass Konzerne und Individuen ökologische oder gesundheitliche Schäden/Kosten berücksichtigen und sie nicht einfach auf den Planeten, die Ökosysteme oder den Rest der Menschheit abwälzen.

Ein öffentlicher Treuhandfonds[3], der vom demokratischen Souverän kontrolliert wird, ist Eigentümer von öffentlichem Eigentum, Infrastruktur und monopolistischen/entscheidenden Unternehmen, während andere Unternehmen teilweise im Besitz der Gründer/Investoren, der Angestellten und des oben genannten Treuhandfonds sein können oder vollständig im Besitz des demokratischen Treuhandfonds sind.

Die Dividenden, die der Treuhandfonds erwirtschaftet, werden teilweise zur Finanzierung der Regierung und teilweise zur Finanzierung eines

---

[3] Ab hier Fonds genannt

Grundeinkommens für alle Bürger sowie von Sozialprogrammen für Bürger mit besonderen Bedürfnissen verwendet.

Ich weiß, dass es in dieser Definition einiges zu klären gibt, und Sie haben jetzt wahrscheinlich viele Fragen. Bitte haben Sie noch ein wenig Geduld mit mir.
In den kommenden Kapiteln analysiere ich die aktuellen und historischen wirtschaftlichen und politischen Systeme und erkläre diese Definition Punkt für Punkt.

Fangen wir mit dem freien Markt an, einverstanden?

"Freier Markt, ein ungeregeltes System des wirtschaftlichen Austauschs, in dem Steuern, Qualitätskontrollen, Quoten, Zölle und andere Formen zentralisierter wirtschaftlicher Eingriffe der Regierung entweder nicht existieren oder minimal sind."
– **Encyclopaedia Britannica**

"Der freie Markt ist ein Wirtschaftssystem, das auf Angebot und Nachfrage mit wenig oder keiner staatlichen Kontrolle basiert. Er ist eine zusammenfassende Beschreibung aller freiwilligen Tauschvorgänge, die in einem bestimmten wirtschaftlichen Umfeld stattfinden. Freie Märkte zeichnen sich durch eine spontane und dezentrale Ordnung von Vereinbarungen aus, durch die Individuen wirtschaftliche Entscheidungen treffen. Basierend auf seinen politischen und rechtlichen Regeln kann die freie Marktwirtschaft eines Landes zwischen sehr großem oder völlig schwarzem Markt liegen."
– **Investopedia**

"Ein freier Markt ist ein Wirtschaftssystem, in dem Wirtschaftsorganisationen über Dinge wie Preise und Löhne entscheiden und nicht von der Regierung kontrolliert werden."
– **Collins Dictionary**

Kapitel 3 - Der freie Markt

Der freie Markt ist meiner Meinung nach das am meisten missverstandene Konzept der modernen Geschichte. Die Definitionen reichen von der Anerkennung, dass ein wenig Kontrolle dazugehören kann, bis zum vollständigen Ausschluss jeglicher staatlichen Kontrolle und Intervention.
Was die meisten Definitionen gemeinsam haben, ist, dass sie die Verringerung von Regulierung und Regierung zum Hauptziel und zur Bedingung erklären.

Dies ist ein schwerer Fehler.

In den Lehrbüchern wird der freie Markt vor allem durch zwei Dinge gekennzeichnet, zum einen durch die Maxime, das Privateigentum zu garantieren, manchmal sogar über andere Menschenrechte zu stellen, und zum anderen durch das Kernprinzip, dass Angebot und Nachfrage den Preis bestimmen.

Genau hier beginnen die Probleme.

Damit Angebot und Nachfrage den Preis bestimmen können, muss man zumindest zwei Dinge gewährleisten.

Nämlich Privateigentum und Verträge. Schon dafür braucht man Regierungen.[4]

Dieser Teil der üblichen Aufgaben einer Regierung ist das, was die Lehrbücher meinen, wenn sie von "minimaler Intervention" sprechen. Der nächste Teil ist das, was viele vergessen und was die Liberalisten oft leugnen: Angebot und Nachfrage sind in einem freien Markt ein sich selbst ausgleichendes System, das, wie Ökosysteme in der Natur, leicht gestört und aus dem Gleichgewicht gebracht werden kann.

Dies möchte ich anhand des folgenden Beispiels versuchen zu erklären: Es gibt eine biologische Erscheinung, die "Algenblüte", bei der die Algenpopulation in einem Gewässer exponentiell zunimmt. In einem geschlossenen Teich kann das schnelle Wachstum dieser Blüte unter den entsprechenden Bedingungen dazu führen, dass die Algen zunächst alle anderen Arten im Teich abtöten.

Und am Ende sind die Algen so stark gewachsen, dass sie sich sogar gegenseitig abtöten. Im extremen Fall führt dies zu einem komplett toten Teich.

Das ist sehr ähnlich, wie ein disruptives Unternehmen alle anderen ausstechen kann und sie entweder auffrisst oder in den Bankrott treibt und letztendlich den freien Markt und die Wirtschaft selbst zerstört.

---

[4] Nun, einige argumentieren, dass dies auch von privaten Unternehmen gemacht werden könnte, aber das ist meiner Meinung nach eine schlechte Idee und wir besprechen in einem späteren Kapitel die Gründe dafür.

Die Gründe dafür, dass dies in einem freien Markt passiert, sind zweierlei:
1. Ungleiche Machtverteilung führt zu Monopolen und Oligopolen.
2. Ungleicher Marktzugang gibt einer Seite der Angebots- und Nachfragegleichung mehr oder weniger Macht.

Ein gutes Beispiel für ungleiche Machtverteilung und ungleichen Marktzugang ist die Telekom-Branche. Um an diesem Markt auf der Angebotsseite teilnehmen zu können, benötigt man Zugang zu Funkfrequenzen. Die Frequenzen, die genutzt werden können, sind sehr begrenzt, und die dafür notwendige Infrastruktur ist teuer und braucht im Ausbau viel Zeit.
Das birgt die Gefahr, dass ein freier Markt zusammenbricht. Und tatsächlich haben sich in vielen Ländern in diesem Marktsegment Oligopole gebildet.

Das wird deutlich, wenn man sich zwei europäische Länder ansieht, nämlich Deutschland und die Niederlande. In Deutschland hat die Regierung die Frequenzen versteigert und den meistbietenden Unternehmen erlaubt, andere von der Nutzung dieser Frequenzen auszuschließen.
In den Niederlanden hingegen zwingt die Regierung die Unternehmen, anderen Unternehmen die Nutzung ihrer Frequenzen und ihrer Infrastruktur zu festgelegten Bedingungen zu gestatten, wodurch gleiche Befugnisse und ein gleichberechtigter Zugang zum Markt, insbesondere für die kleineren Akteure auf der Angebotsseite, gewährleistet werden.

Die Folge ist, dass zum Redaktionsschluss dieses Buches[5] 5G-Hochgeschwindigkeitsverträge mit unbegrenztem Datenvolumen in Deutschland über 80 €/Monat und in den Niederlanden etwa 20 €/Monat kosten.

Es gibt zahllose weitere Beispiele dafür, wie ein Ungleichgewicht der Befugnisse und des Marktzugangs dazu führen kann, dass Verbraucher über den Tisch gezogen werden und wie bestimmte Sektoren innovationsfeindlich werden können, worauf wir in einem späteren Kapitel noch näher eingehen werden.

In diesem Kapitel verlasse ich nun dieses Thema und versuche, den freien Markt zu entzaubern, der in bestimmten neoliberalen Publikationen und Medien oft bis zur Unkenntlichkeit verherrlicht wird.

Der Markt ist kein magisches Gebilde, das alle Probleme löst. Im Kern ist er nur ein selbstregulierendes System, das einfachen und verständlichen Prinzipien folgt. Auf der einen Seite stehen die Anbieter, die Waren verkaufen, und auf der anderen Seite die Konsumenten, die Waren und Dienstleistungen kaufen. Die Anbieter wollen ihren Gewinn maximieren, während die Verbraucher versuchen, ihre Kosten zu minimieren.

Wenn Verkäufer A einen Apfel für einen Dollar verkauft und Verkäufer B ihn für zwei, wird jeder Verbraucher den

---

[5] Dieses Kapitel des Buches wurde Mitte 2020 geschrieben, und der erste Entwurf des gesamten Buches wurde im März 2021 fertiggestellt.

Apfel von Verkäufer A wählen, vorausgesetzt natürlich, die Äpfel sind von ähnlicher Qualität.

Wenn es im gleichen Beispiel nun drei Konsumenten gibt, die kaufen wollen, aber immer noch nur zwei Äpfel, dann werden Verkäufer A und B feststellen, dass es eine Knappheit gibt, und beide werden ihre Preise anpassen.

Nehmen wir also an, Kunde Eins hat 5 Dollar, Kunde Zwei hat 10 Dollar und Kunde Drei hat 15 Dollar. Um die Analyse zu vereinfachen, gehen wir davon aus, dass die Äpfel einzeln versteigert werden.

Um einen Apfel zu bekommen, werden die Kunden Zwei und Drei den Preis erhöhen, bis Kunde Eins aussteigt. Zwei und Drei werden dann den Preis weiter nach oben bieten, bis Kunde Zwei aussteigen muss.
Das wahrscheinliche Ergebnis in diesem Fall ist also, dass Drei einen Apfel für 10,x Dollar bekommt, und Zwei dann den anderen Apfel für 5,x Dollar.

So weit, so gut.

Die Anwendung dieses Prinzips in großem Maßstab hilft, viele Märkte zu regulieren. Die Verkäufer, die günstiger einkaufen oder produzieren können, gewinnen, ebenso wie die Kunden, die mehr Geld haben.

Die Probleme beginnen, wenn sich die Gleichgewichte auf dem Markt verschieben. Betrachten wir noch einmal das obige Beispiel, aber Drei hat jetzt 30 Dollar. In diesem Fall kann er/sie nun beide Äpfel kaufen, und die anderen gehen leer aus. Oder die beiden anderen schließen sich zusammen, kaufen den zweiten Apfel mit ihrem gemeinsamen Geld und teilen ihn.

Wenn Drei jedoch 50 Dollar hat, können Eins und Zwei nicht einmal diesen einen Apfel bekommen, egal was sie tun.

Im Allgemeinen ist diese Art von Situation für viele Güter in Ordnung. Es gibt jedoch bestimmte Güter, bei denen wir eine solche Situation nicht haben möchten.

Der Apfel ist ein Gut, das für Nahrung steht. Wir wollen nicht, dass eine Situation entsteht, in der bestimmte Personen keine Nahrung mehr haben.

Das Recht auf Leben wiegt schwerer als das Recht auf Eigentum oder auf einen freien Markt. Menschen verhungern zu lassen, steht also im krassen Widerspruch zu den Menschenrechten und den moralischen Werten der westlichen Gesellschaften. Ich hoffe, dass Sie alle zustimmen.[6]

Leider ist das Beispiel mit dem Apfel in der heutigen Wirtschaft nicht nur ein theoretisches Thema. Es hat sehr reale Konsequenzen.

---

[6] Falls Sie das nicht tun, habe ich es entweder nicht sehr gut erklärt oder, falls Sie es verstehen und immer noch nicht einverstanden sind, sollten Sie einen Psychotherapeuten aufsuchen, weil Sie wahrscheinlich ein Soziopath sind.

Derzeit produzieren wir viel mehr Nahrungsmittel, als die fast 8 Milliarden Menschen auf diesem Planeten benötigen würden. Dennoch verhungern nach Angaben der UN täglich etwa 25.000 Menschen.
Es liegt eindeutig eine Fehlverteilung der Güter vor. Der Markt funktioniert nicht so, wie er sollte.

Der Grund ist, wieder einmal, ein Ungleichgewicht der Kräfte. Die Verbraucher in den westlichen Ländern haben im Durchschnitt viel mehr Geld als die Verbraucher in Afrika oder Indien, sodass sie die Preise auf ein Niveau treiben können, bei dem sie bequem Lebensmittel verschwenden und essen können, bis sie 300 Pfund wiegen, während andere sich nicht einmal die Ernährung ihrer Kinder leisten können.

Die Lösung für dieses Problem, so die wohlhabenden Liberalisten, ist, dass die armen Länder einfach härter arbeiten, konkurrieren und so reich werden müssen wie die westlichen Länder; dann können sie sich Lebensmittel leisten.

Aber können wir das wirklich rechtfertigen? Gibt es wirklich keine andere Möglichkeit? Ist der Markt wirklich wichtiger als die Menschenrechte?

Nehmen wir für einen Moment an, dass der Nahrungsmittelmarkt völlig frei[7] ist und trotzdem

---

[7] Das ist er sicher nicht, aber Agrarsubventionen und andere nicht-marktwirtschaftliche Instrumente vergrößern das Problem nur; die Hauptursache ist hier grundsätzlich der freie Markt selbst.

Menschen verhungern. Sollten wir nicht versuchen, eine andere Lösung zu finden?

Meiner Meinung nach haben wir, wenn wir das Hungerproblem lösen wollen, mehrere Möglichkeiten, die wir mit oder ohne Abschaffung des Marktes ausprobieren können:

1. Wir können die Machtverteilung ändern, indem wir das Geld umverteilen.[8]
2. Wir können den Markt komplett abschaffen.[9]
3. Wir können durch Wohltätigkeit Lebensmittel direkt an hungernde Menschen verteilen.
4. Wir können ein globales Grundeinkommen einführen, um jedem genug Geld zu geben, Lebensmittel zu kaufen.
5. Wir können den Markt regulieren, um eine faire Verteilung zu gewährleisten.

In diesem Buch werde ich für eine Kombination der beiden letztgenannten Optionen argumentieren, mit einer Prise Nummer drei. Um zu verstehen, wie und warum, werfen wir einen Blick auf ein reales Problem auf dem globalen Lebensmittelmarkt.

---

[8] z. B. Sozialismus

[9] z. B. Marxistischer Kommunismus

"Diejenigen, die Sie an Absurditäten glauben lassen können, können Sie dazu bringen, Gräueltaten zu begehen."
– **Voltaire**

Kapitel 4 - Die Immobilienlüge

Vor einigen Jahren, als ich selbst noch ein Liberalist war, sah ich eine Dokumentation über den Viktoriasee in Ostafrika. In dieser Dokumentation wurde viel darüber berichtet, wie das Ökosystem in den 1960er Jahren durch den Viktoriabarsch zerstört wurde, eine Fischart, die im Viktoriasee nicht von Natur aus vorkommt und die eingesetzt worden war, um eine Geschäftsmöglichkeit für die Fischereiindustrie zu schaffen.
Und obwohl dies eine traurige Geschichte ist, war es nicht das, was mich wirklich schockiert hat und mich zum ersten Mal ernsthaft den unregulierten Kapitalismus hinterfragen ließ. Gegen Ende des Films fing die Kamera einen einheimischen Fischer ein, der die weggeworfenen Fischdärme durchkämmte, die im Hof der Fischfabrik verrotteten, und diese dann aß.

Der Grund dafür?

Der Fischer kann sich den Fisch nicht mehr leisten, da er für den Export nach Europa bestimmt ist und somit nach europäischen Maßstäben bepreist wird.

Nun könnten Sie sich fragen: *"Wenn die Fischer sich den Fisch nicht leisten können, warum fangen sie dann nicht einfach selbst Fisch für ihre Familien?"*

Es stellt sich heraus, dass sie das nicht mehr tun dürfen, weil die Fischereirechte im Besitz von Konzernen sind.

Das brachte mich zum Nachdenken:
Ist unser Konzept von Landbesitz kaputt?

Wie kann es sein, dass den Fischern, deren Familien seit Jahrtausenden an diesem See leben, der See nicht gehört?

Wann und wie wurde der See plötzlich zu Firmeneigentum?

Um die Antwort herauszufinden, könnte man auf die Kolonialgeschichte verweisen, oder man könnte es einfach auf eine korrupte Regierung schieben, aber ich möchte tiefer schürfen.

Wie hat das alles angefangen? Wie wurde ein Planet, der niemandem gehört, zu Eigentum?

Während viele Einzelheiten in der Geschichte verworren sind, gibt es ein paar gängige Vorstellungen, wie es dazu kam.[10] Beginnen wir mit einem Beispiel, indem wir meine

---

[10] Für eine gründliche historische Analyse des europäischen, amerikanischen und kolonialen Eigentums empfehle ich die Lektüre von *"Capital and Ideology"* von Thomas Piketty

Heimatregion in Südbayern betrachten.[11]

Nach der letzten Eiszeit hatte die Alpenregion tiefe Täler mit klaren Seen, in denen es von Fischen wimmelte, und üppige Wälder. Sie war spärlich von verschiedenen Stämmen und Familiengruppen besiedelt, und soweit wir wissen, gab es damals noch kein Verständnis für Grundbesitz. Die Stämme handhabten es vielmehr so, wie es Katzen oder andere territoriale Tiere tun.
Das änderte sich vor etwas mehr als 2.000 Jahren, als die Römer in die Region kamen. Während sich der größte Teil Bayerns und Deutschlands aufgrund feindseliger Stämme und unwegsamen Geländes als uneinnehmbar erwies, verbündeten sich die Menschen in der Region südlich der Donau mit den Römern, teilweise durch Eroberung, vor allem aber durch Handel.

Und die Barbaren hatten Waren, die die Römer dringend benötigten. In einer Zeit, in der Bronzeschwerter die Krönung der Schmiedekunst waren und die Soldaten sich in regelmäßigen Abständen von der Front zurückziehen mussten, um ihre Waffen zu schärfen und zu gerade zu biegen, hatten die Germanen Schwerter aus dem All. Im wahrsten Sinne des Wortes. In der Region "Chiemgau" hatte es einen Meteoriteneinschlag gegeben, und die

---

[11] Diese Geschichte basiert auf den Tafeln eines Museums in der Nähe des Chiemsees und ist mit meiner eigenen Interpretation erweitert. Sie ist höchstwahrscheinlich nicht historisch korrekt, da es nicht möglich ist, eine genaue Darstellung der Geschichte zu geben, wenn diese größtenteils nicht aufgeschrieben wurde. Der Grundtenor der Geschichte sollte aber korrekt sein.

fähigen Barbarenschmiede hatten einen Weg gefunden, das fremde Material für haltbarere Schwerter zu verwenden. Diese Waffen waren bei den römischen Zenturionen und anderen Anführern ungemein beliebt. So war es wohl eine recht kluge Entscheidung von beiden Seiten, eine weitgehend friedliche Regelung auszuloten. Die Römer wollten nicht gegen diese überlegenen Waffen kämpfen, und die bayerischen Eingeborenen hatten weder die Lust noch die Schlagkraft, sich auf Dauer gegen die Eindringlinge zu wehren.
So wurde das Land zwischen den Einheimischen und den Römern aufgeteilt, die ihre Städte, Kastelle und Straßen durch die Wildnis bauten. Und so entstand die Vorstellung von Landbesitz und Immobilien.

Nach dem Untergang des Römischen Reiches wurde der Besitz von Land wieder unübersichtlich. Da es keine klare Autorität gab, die die alten römischen Dokumente durchsetzte, übernahmen verschiedene Kriegsherren die Herrschaft, und die aufstrebende katholische Kirche schnitt sich ebenfalls eine Scheibe ab.
Während des Mittelalters teilten die Kirche und verschiedene lokale Herren das Land unter sich auf. Mein Geburtsort wechselte ein paar Mal den Besitzer zwischen verschiedenen Herren und der Kirche.[12]

Das ging eine Weile so, bis Napoleon kam und Bayern zu einem Verbündeten und einem stolzen Königreich

---

[12] Wissenswertes: dies führte dazu, dass Mozart in "Deutschland" geboren wurde (was damals nicht wirklich eine Nation war), nicht in Österreich, wie die meisten Leute denken.

machte. Damit begann die Geschichte des modernen Bayern, und der Aufstieg der großen mitteleuropäischen Monarchien. Für meine Region erwies sich dies als etwas problematisch, da sie strategisch wichtige Salzminen und andere Ressourcen besaß und genau zwischen dem bayerischen Königreich und dem neu gegründeten österreichischen Kaiserreich lag. So wechselte die Region noch ein paar Mal den Besitzer hin und her.

Als nächstes folgte 1870/71 ein Krieg zwischen den norddeutschen Staaten und Frankreich, bei dem sich Bayern entschloss, die Seite zu wechseln und nun den deutschen Bund zu unterstützen. Dies war der Startschuss für das deutsche Kaiserreich, den deutschen Kapitalismus und schließlich für zwei Weltkriege.

Nach den Weltkriegen blieb ein Großteil des Vermögens, das von den Nazis illegal erlangt oder mit Nazi-Geldern erworben wurde, in den Händen der Personen und Unternehmen, die die Nazis unterstützt hatten.

Seitdem haben viele dieser Ländereien und Grundstücke durch mehr oder weniger freie Marktverteilung den Besitzer gewechselt, einige mit hart verdientem Geld, andere mit Blutgeld erworben.

Warum habe ich Ihnen diese Geschichte erzählt? Nun, aus einem guten Grund. Nachdem Sie das gehört haben:

Können Sie aufzeigen, welcher Immobilienbesitz rechtmäßig ist und welcher nicht?

"Warum ist das überhaupt ein Problem?", werden Sie vielleicht fragen. *"Da alle Immobilien seit dem Zweiten Weltkrieg viele Male gekauft und verkauft wurden, sind doch sicher alle Immobilien mittlerweile rechtmäßig."*

Nun, nein. Nicht in meinem Moralsystem und nicht im deutschen Rechtssystem. In Deutschland muss gestohlene Ware an den ursprünglichen Besitzer zurückgegeben werden, auch wenn sie rechtmäßig von einem ahnungslosen Käufer erworben wurde. Nach dieser Logik stehen fast alle Landbesitzansprüche auf schwachen Füßen. Da es bei der Verteilung von Land auf dem freien Markt nie sauberen Start auf weißer Karte gab, werden Sie zu keinem Stück Land eine saubere Geschichte belegen können. Sie werden niemals den ursprünglichen, rechtmäßigen Besitzer finden.

Natürlich könnten Sie bei gestohlenen Gütern eine andere Rechtsauffassung haben und sagen, wenn es rechtmäßig erworben wurde, ist es rechtmäßig.

Leider löst auch das das Dilemma bei der heutigen Verteilung von Immobilien nicht auf.
Selbst wenn man an der Auffassung festhält, dass gestohlenes Eigentum einer Person gehört, die es rechtmäßig erworben hat, ohne zu wissen, dass es gestohlen ist, sind viele der heutigen Immobilien und großen Vermögen direkt gestohlenes oder geerbtes gestohlenes Eigentum.

Gute Beispiele sind die Firmen Bayer und BMW. Beide haben während des Zweiten Weltkriegs ein riesiges Vermögen gemacht, indem sie die Nazis unterstützten.

Obwohl ich persönlich nichts gegen die Erben dieser Vermögen habe, wird mir trotzdem übel, wenn ich höre, dass sie einen weiteren Milliarden-Scheck bekommen haben. Nazi-Geld ist Nazi-Geld und wird immer Nazi-Geld sein.
Keine noch so harte Arbeit und kein noch so großer Erfindungsreichtum kann jemals die Schuld tilgen, dass das Fundament des eigenen Vermögens von der NSDAP gelegt und finanziert wurde.

Und es gibt noch mehr. Viele Grundstücke gehören noch immer der Kirche oder den Erben von Fürsten und Königen oder wurden mit Geld aus Feudalismus, Sklaverei oder dubiosen Geschäften, z.B. nach dem Zerfall der Sowjetunion, erworben.

In der heutigen Zeit ist es fast unmöglich, unrechtmäßige Vermögen und Immobilienbesitz von rechtmäßigen zu trennen. Zumal eine ganze Reihe von Geschäften, die legal sind, meiner Meinung nach grauenhaft sind und illegal sein sollten.

So wurden die meisten Ölquellen von Firmen erworben, die die Ureinwohner betrogen, Hinterzimmer-Deals mit korrupten Politikern gemacht oder sich das Land einfach mit Gewalt angeeignet haben.

Wie kann es legal sein, Land für ein paar Cent zu kaufen, um dann alle Ressourcen daraus abzuschöpfen und dabei die Umgebung und den ganzen Planeten zu verschmutzen?

Nein, Immobilien wurden nie fair, kapitalistisch und auf dem freien Markt verteilt - weder in Deutschland noch in einem anderen westlichen Land.

Diese historische Ungerechtigkeit muss ein für alle Mal beseitigt werden.

Bevor wir jedoch auf das Wie eingehen, möchte ich auf ein weiteres Problem des privaten Grundbesitzes hinweisen.

Nämlich die Entmündigung zukünftiger Generationen, die nicht in eine Welt hineingeboren werden, in der Eigentum durch den freien Markt vergeben wird, sondern in eine, in der alles schon vergeben ist und der Großteil dank unserer feudalistischen Erbgesetze in den Händen weniger Familien bleibt und gar nicht erst auf den Markt kommt.[13]

Nehmen wir das Spiel Monopoly als Beispiel. Dieses Spiel wurde erfunden, um die Probleme mit der Verteilung von begrenzten Gütern, insbesondere von Immobilien, auf dem freien Markt zu zeigen, und ist ein sehr gutes Modell für einen wirklich freien Markt.
Jeder beginnt mit dem gleichen Geldbetrag, es gibt keine Marktregulierung, und alle Spieler haben den gleichen Zugang zum Markt.
Im Laufe des Spiels erwerben die Spieler mit einer Mischung aus Glück und Geschicklichkeit Grundstücke, investieren in die Immobilien und steigern Wert und

---

[13] Worauf ich im nächsten Kapitel eingehen werde.

Miete durch den Bau immer größerer Wohnungen und Hotels.
In der Regel beginnen relativ schnell zwei Spieler, viel Geld zu verdienen, während der Rest langsam bankrottgeht. Sobald nur noch zwei Spieler übrig sind, stabilisiert sich der Markt und am Ende entscheidet meist das pure Glück, wer am Ende gewinnt.

Stellen Sie sich nun eine realistischere Version dieses Spiels vor. Anstatt mit einem leeren Feld zu beginnen, sind alle Straßen bereits verteilt; auf einigen Grundstücken stehen sogar rote Hotels.
Durch einen Würfelwurf werden die Spieler in drei Kategorien eingeteilt.
Die erste Gruppe beginnt mit keinem Geld und keinem Grundstück.
Die zweite mit 10.000 Dollar, zwei Straßen und einer Wohnung, und die letzte Gruppe besitzt den Rest und hat viele Wohnungen und Hotels sowie Millionen auf der Bank.

Was denken Sie, wer wird gewinnen?

Blöde Frage, wenn Sie schon einmal Monopoly gespielt haben, wissen Sie, dass die ersten beiden Gruppen keine Chance haben. Und diese Version von Monopoly ist die, die wir heute in der realen Welt spielen.

Ja, ich weiß, der Immobilienmarkt ist komplizierter als das, und manchmal, selbst wenn man arm anfängt, kann man sich in der Nahrungskette hocharbeiten.
Dennoch entscheidet in den meisten Fällen das Erbe über den Lebensstandard, den man erreichen kann.

Sollten wir uns also nicht die folgenden Fragen stellen: Gibt es eine bessere Möglichkeit? Gibt es ein besseres Spiel, das wir spielen können?

Eine Idee findet sich in einigen Regionen Indonesiens und anderer östlicher Länder, wo Grund und Boden dem Staat gehört und lediglich vermietet wird. Eine faszinierende Idee. Wenn wir das als Basis nehmen und uns eine bessere, demokratischere, kapitalistischere Umsetzung einfallen lassen, bin ich sicher, dass wir auf der richtigen Spur sind.

Wie wäre es damit:
Weiter vorne in diesem Buch habe ich den öffentlichen Fonds erwähnt, den ich schaffen möchte.

Warum sollten nicht alle Immobilien im Besitz des Fonds sein und in langfristigen Pachtverträgen vergeben werden?[14]

Dies hätte mehrere Vorteile:
Der erste Vorteil ist, dass alle Menschen von den Zinserträgen der Mieten und Pachten profitieren würden. Auf diese Weise würde die Gentrifizierung wirklich allen zugutekommen.
Der zweite Vorteil ist, dass es keinen Streit um Landbesitz geben kann, da jedem ein Teil davon gehört und jeder Neugeborene automatisch seinen fairen Anteil bekommt.

---

[14] Nein, ich schlage nicht vor, jedem sein Haus zu stehlen, halten Sie sich zurück, wir kommen noch dazu.

Das ist so nah an einem leeren Monopoly-Brett, wie es nur geht.

Drittens, da das Eigentum beim Fonds bleibt, hat die Demokratie mehr Kontrolle. Jetzt können wir Umweltverschmutzer vertreiben und sie daran hindern, Ressourcen zu stehlen, da diese natürlich auch dem Fonds gehören.

Alles in allem dürfte dies eine viel gerechtere, kapitalistischere Lösung sein als das, was wir derzeit haben, zumal die derzeitigen Erbschaftsgesetze ohnehin defekt sind. Mehr dazu weiter unten.

"Umgekehrt haben vor allem jüngere Menschen, die in den 70er und 80er Jahren geboren wurden, bereits (in gewissem Maße) erfahren, welche wichtige Rolle das Erbe in ihrem Leben und dem ihrer Verwandten und Freunde spielen wird. Für diese Gruppe kann z. B. die Frage, ob ein Kind Geschenke von den Eltern erhält oder nicht, einen großen Einfluss darauf haben, wer in welchem Alter Eigentum besitzen wird und wer nicht, und wie umfangreich dieses Eigentum sein wird – in jedem Fall in einem viel größeren Ausmaß als in der vorherigen Generation. Das Erbe spielt eine größere Rolle in ihrem Leben, ihrer Karriere und ihren individuellen und familiären Entscheidungen als bei den Babyboomern."

– **Thomas Piketty, Capital in the Twenty-First Century**

Kapitel 5 - Vererbung ist Feudalismus, nicht Kapitalismus

Eines der größten Missverständnisse in unserer Gesellschaft ist, dass Vererben kapitalistisch ist. Das ist es nicht. Obwohl es das Vererben in irgendeiner Form schon immer gegeben hat, ist das gesamte Konzept unserer modernen Erbschaftsgesetze tief im Feudalismus verwurzelt.
Die Frage, was nach dem Tod eines Menschen mit dessen Hab und Gut geschehen soll, hat die Menschheit mindestens so lange geplagt, wie wir in der Lage sind, ein Mammut zu zeichnen.
Im alten Ägypten glaubten die Menschen, dass Habseligkeiten mit ins Jenseits genommen werden können, ein religiöser Glaube, den die Kelten, die Skandinavier und viele andere Stämme mindestens die letzten 10.000 Jahre lang teilten.
So wurden die Toten mit ihren wertvollsten Besitztümern und manchmal sogar mit ihren Sklaven und Dienern begraben.

Falls man wertvolle Besitztümer hatte, versteht sich.

Im Gegensatz zu ihren beweglichen Gütern wurden Land und Macht von Pharao zu Pharao weitergegeben, da Immobilien anscheinend nicht mit ins Jenseits genommen werden konnten, außer vielleicht Pyramiden.

Diese Praxis nahm ab, als die griechischen und römischen Reiche aufkamen, in denen die Menschen nicht an ein

üppiges Leben nach dem Tod glaubten und in denen das Einzige, was man über den Tod hinaus mitnehmen konnte, ein paar Münzen waren, um den Fährmann zu bezahlen.
Also wurde in Rom der Besitz auf die Erben übertragen. Das waren oft Verwandte, aber nicht unbedingt, denn ein Testament konnte jede freie Person als Erben einsetzen.
Vor allem waren sogar Frauen (Bürger zweiter Klasse mit fast keinen Rechten) erbberechtigt.
Was jedoch nicht vererbbar war, war die politische Macht. Diese wurde durch Wahlen verteilt. Zumindest bis Julius Caesar die Demokratie beendete und damit die Wurzeln des Feudalismus einleitete.
Nach Caesar konnte auch die politische Macht vererbt werden, und bald begannen die Herrscher, sich auf Gott zu berufen, um ihre Ansprüche (und vor allem die ihrer Familien) auf unbegrenzte gesetzgebende und vollziehende Rechte zu rechtfertigen.

Dies blieb bis zum Tod von Karl dem Großen so. Teils absichtlich, teils aus Versehen teilte er sein Reich in drei Teile auf, aus denen später Deutschland, Frankreich und Italien (ohne Elsass-Lothringen) werden sollten. Außerdem ernannte er einen seiner Söhne zu seinem offiziellen Nachfolger.
Die Tatsache, dass er einen Sohn als Nachfolger bevorzugt hatte, wurde jahrhundertelang zur Rechtfertigung des Erstgeborenenprinzips verwendet. In Ländern wie Großbritannien ist es sogar bis heute eingeschränkt wirksam.

Vor allem die Reichsteilung und die damit verbundenen Kriege und Machtverluste führten dazu, dass die Länder das Prinzip, dass der Erstgeborene oder der älteste überlebende Sohn die Nachfolge antreten sollte, strikt durchsetzten und das Reich nicht zu gleichen Teilen unter den Erben aufteilten.

Dennoch wollten einige Könige ihren jüngeren Söhnen etwas bieten und machten sie zu Nebenkönigen oder verliehen ihnen andere Adelstitel, was zu einer immer stärkeren Zersplitterung der Länder führte, in denen dies praktiziert wurde (z.B. Deutschland).

Um diese Zersplitterung zu verhindern, ließen viele Könige ihre Zweitgeborenen in die Kirche eintreten, um dort Macht und Reichtum zu erlangen. Die Kirche förderte dies natürlich, denn wenn der Erstgeborene vorzeitig starb, fiel der Reichtum an den nächsten in der Reihe und damit letztlich an die Kirche.

Nach den großen Kriegen im 19. und 20. Jahrhundert, als ein Großreich nach dem anderen fiel und zur Demokratie wurde, haben wir im Westen Erbschaftssysteme übernommen, die eine Mischung aus den Systemen der beiden Jahrtausende zuvor darstellen - im Wesentlichen mit Vermächtnissen, die zu gleichen Teilen unter den direkten Nachkommen des Verstorbenen aufgeteilt werden oder an den Ehepartner gehen. Die Verteilung des Erbes kann in einigen Ländern nur geringfügig durch ein Testament beeinflusst werden, während andere Länder eine völlige Freiheit des letzten Willens zulassen.

Was ist nun falsch an diesem System?

Nun, das Erbsystem wurde entwickelt, um die Macht in der Familie zu halten und sie im besten Fall von Generation zu Generation zu vervielfältigen.

Das mag im Mittelalter eine gute Idee gewesen sein, als die Stärke und der Reichtum eines Landes eng mit der Stärke seiner Monarchie und der königlichen Familie verbunden waren. Heute haben wir jedoch wieder eine Demokratie, und die Demokratie wird stärker, je weiter die Macht verteilt ist. Das heißt, ein System, das Reichtum und damit Macht aggregiert, ist genau das Gegenteil von dem, was wir anstreben sollten. Wenn wir nicht aufpassen, könnten wir so enden wie das alte Griechenland, Rom oder die anderen gescheiterten Demokratien in der Geschichte.

Wie gravierend ist das Problem derzeit?

Laut Thomas Piketty ist das Problem wirklich schwerwiegend. In seinem Buch "Capital in the Twenty-First Century" schreibt er, dass heute die Dividendeneinkünfte, die aus vererbten Vermögen stammen, mehr als 50 Prozent des gesamten weltweiten Einkommens ausmachen. Eine Situation, die so schlimm ist, dass das letzte Mal, als dies der Fall war, die Französische Revolution folgte.

Aber warum ist das so schlecht und gefährlich?

Es ist aus zwei Hauptgründen schlecht:
Der erste ist ein eher philosophischer. Der Kapitalismus rühmt sich damit, eine Leistungsgesellschaft zu sein. Das Kernprinzip ist, dass derjenige mehr Geld verdient, der

einen größeren Verdienst für die Gesellschaft erbringt oder mehr Wert schafft. Wenn die Hälfte des Einkommens nur Dividende auf geerbtes Geld ist, geht effektiv die Hälfte aller Verdienste an diejenigen, die nichts beitragen. In diesem Fall ist die Leistungsgesellschaft ausgehebelt, und der Kapitalismus hört auf zu funktionieren.

Der zweite Grund ist ein eher praktischer. Wenn die Hälfte des Vermögens in den Händen einiger weniger Familien liegt, vermehrt sich dieser Reichtum dank der Zinsen, insbesondere der Zinseszinsen, automatisch. Geld ist in unserer Gesellschaft gleichbedeutend mit Macht. Damit lassen sich auch Politiker kaufen. In manchen Ländern sogar mehr oder weniger legal. Das führt dazu, dass immer weniger Menschen die politische, wirtschaftliche und gesellschaftliche Macht kontrollieren, ebenso wie den Großteil der Medien. Dies, wie wir in vielen westlichen Ländern deutlich sehen können, verwandelt den Kapitalismus in eine Oligarchie und schafft "Sozialismus für die Reichen, rauen Kapitalismus des freien Marktes für die Armen", wie M.L. King Jr. sagte.

Während ich diese Zeilen schreibe, kann ich schon die Aufschreie meiner libertären Freunde hören, wenn sie dies lesen. Einige werden behaupten, dass dies überhaupt nicht wahr sei. Andere, dass dies nur natürlicher Kapitalismus ist; wer mehr Verdienst hat, sollte mehr Macht haben. Und überhaupt, wenn Ihr Großvater erfolgreich war, warum sollten Sie nicht davon profitieren? Schließlich ist es doch ein Hauptantrieb, seinen Kindern ein besseres Leben zu ermöglichen, damit die Leute arbeiten gehen usw.

Lassen Sie mich versuchen, so viele dieser Argumente wie möglich vorwegzunehmen.

1. Das ist nicht wahr.
Die Daten lügen nicht. Selbst wenn das mit den 50% falsch sein sollte, wird niemand, der bei klarem Verstand ist, bestreiten, dass die Reichen immer reicher geworden sind, während die Mittelschicht in den letzten Jahren größtenteils stagniert oder ärmer geworden ist. Und nein, das liegt nicht daran, dass sie fauler geworden sind.
Die meisten Menschen arbeiten heute länger als früher. Die Arbeitszeiten, die über ein Jahrhundert lang abgenommen hatten, sind in den letzten Jahren weltweit wieder angestiegen, selbst in Ländern wie Deutschland mit starken Arbeitsschutzgesetzen.
In gewissem Sinne ist es in diesen Ländern sogar noch schlimmer geworden, denn Ihr Chef verlangt trotzdem die Stunden, die Sie gesetzlich nicht leisten können, und so arbeiten Sie einfach abends, beantworten E-Mails usw., ohne die Überstunden bezahlt zu bekommen.
Zu allem Übel sind auch noch die inflationsbereinigten Löhne für viele Menschen gesunken. [15] Und das alles, während die Produktivität stetig gestiegen ist.
Wo ist also das ganze Geld geblieben? Natürlich bei den oberen 1%.

Die Sozialisten weisen an diesem Punkt schnell darauf hin, dass wir deshalb Umverteilung und höhere Steuern

---

[15] Bei Verwendung der offiziellen Inflationskennzahlen ist es sogar noch schlimmer, wenn man die Wohnkosten usw. richtig einbezieht.

brauchen. Ich bin jedoch kein Sozialist und denke, dass dies nicht die richtige Antwort ist.

Wichtiger als das, was passiert ist, ist: Warum ist es passiert?

Die Antwort ist Vererbung. Wenn 50% des Einkommens aus Erbschaftszinsen bestehen, haben Sie automatisch eine Mindeststeuer von 50%. Und nein, das ist nicht die Steuer, die Sie an die Regierung zahlen und die von Ihrem Gehaltsscheck abgezogen wird. Diese Steuer wird viel früher erhoben. Sie wird bereits einbehalten, wenn Sie Ihr Gehalt aushandeln. Jeder Zinssatz hat eine damit verbundene Schuld. Und diese Schuld ist das, was Ihre Regierung hat, was Ihr Arbeitgeber hat, was all die Unternehmen haben, deren Waren und Dienstleistungen Sie nutzen. Und um die Zinsen für diese Schuld zu bezahlen, muss Ihr Arbeitgeber mehr von dem Wert, den Sie schaffen, nehmen und ihn seinen Gläubigern geben. Je mehr Zinsen der Arbeitgeber zahlt, desto niedriger ist Ihr Gehaltsscheck. Die Erbschaft ist also effektiv eine Steuer für alle, die kein Geld erben.

2. Ist Verdienst aber nicht vererbbar?
Sicher, Sie müssen vielleicht härter arbeiten, um effektiv das Schulgeld für die Kinder des Hotelmilliardärs zu bezahlen, aber der Hotelmilliardär hat auch eine Menge Verdienst geschaffen. Richtig?
Nun, nein. Während Sie privat an die Erbsünde glauben mögen oder nicht, haben wir weltliche Regierungen. Und eines unserer wichtigsten Prinzipien ist, dass Sie nicht für

die Verbrechen Ihrer Eltern verantwortlich sind.[16] Sie sind nicht nur unschuldig, bis Ihre Schuld bewiesen ist; Sie werden unschuldig geboren.

Warum also wenden wir diese Logik nicht auf Geld an? Warum sollten die Verdienste Ihrer Eltern Ihre Verdienste sein und Ihr Einkommen rechtfertigen, wenn im Gegenzug der Mord Ihres Onkels an Ihrer Tante nicht bedeutet, dass Sie auf den elektrischen Stuhl kommen? In der Tat gibt es eine noch schlimmere Konsequenz dieses Widerspruchs. Nämlich, dass er einen Anreiz für Verbrechen schafft. Man kann durch die grausamsten Verbrechen reich werden, und sobald eine Generation vergangen ist, ist alles legitimiert. Das ist nicht gut.

3. Oh, aber dann arbeitet doch keiner mehr, denn wenn sie ihre Kinder nicht besserstellen können, steht kein Geschäftsmann mehr auf.

Nun, erstens ist das nicht wahr. Es gibt Milliardäre und Millionäre, die keine Kinder haben oder die ihr Geld lieber einem Treuhandfonds schenken als ihren Nachkommen.

Zweitens bin ich nicht der Meinung, dass das Vererben verboten werden sollte, auch wenn es das Kapitalistischste wäre, wofür man sich einsetzen könnte. Ich denke, dass der Fonds, der eine Menge Vermögen besitzt und die Dividenden teilt, hier der richtige Kompromiss ist.

---

[16] Es gibt natürlich auch Gegenbeispiele, z. B. wenn Ihr Elternteil an Demenz erkrankt ist und Sie ihn unbeaufsichtigt lassen.

Diese Kette gängiger libertärer Argumente und Gegenargumente ließe sich für den ganzen Rest des Buches fortsetzen. An dieser Stelle höre ich also auf und hoffe, dass Sie mir jetzt zustimmen, dass sich an unseren Erbschaftsgesetzen irgendetwas ändern muss.

Aber was? Die Steuern?

"[Die Steuererklärung] ist zu schwierig für einen Mathematiker. Dazu braucht es einen Philosophen."
– **Albert Einstein**

Kapitel 6 - Nicht die Reichen besteuern

Niemand bezahlt gern Steuern.
Allgemeingültige Aussagen wie diese sind in der Regel nicht wahr, aber diese ist wahrscheinlich so nahe dran and der Wahrheit, wie man sein kann. Ich meine, klar, man will verkehrstaugliche Straßen haben, aber muss das wirklich so viel kosten? Und warum können wir nicht einfach die Reichen besteuern und den Rest von uns in Ruhe lassen?
Wie Sozialisten immer wieder betonen, zahlen reiche Leute prozentual weniger Steuern als die Mittelschicht. Können wir also die Reichen nicht einfach mit 60, 70, 80 oder gar 90% besteuern, wie wir es früher getan haben?

Es gibt viele Gründe, warum wir das nicht tun sollten. Neben einigen grundsätzlichen Gründen gibt es auch praktische. In der heutigen globalisierten Gesellschaft können die Reichen im Wesentlichen wählen, in welchem Land sie Steuern zahlen. Wenn man also versucht, die Elite zu besteuern, werden sie ihr Geld einfach ins Ausland verschieben. Und am Ende muss die Mittelschicht das ausgleichen. Die Lösung?

Wir sollten überhaupt keine Steuern erheben.

Lassen Sie uns darüber nachdenken, wozu sind Steuern da? Das deutsche Wort für Steuern gibt einen Hinweis: "Steuer", ein Wort, das auch "Lenkrad" oder als Verb "lenken" bedeuten kann. Im Grunde genommen ist ein wichtiger Zweck von Steuern, die Bürger und Unternehmen zu lenken.

Es gibt Benzinsteuern, damit die Leute weniger Auto fahren; es gibt CO_2-Steuern, damit die Leute nicht den Globus aufheizen, und so weiter. Und dann gibt es natürlich noch die Einkommenssteuer, um die Leute vom Arbeiten abzuhalten.

Einen Moment mal...

Ah ja, es gibt noch eine zweite Seite der Steuern. Sie sind auch dazu da, einigen Leuten zu erlauben, das Land zu lenken – die Regierung zu finanzieren. Auch das ist ein Begriff aus der Feudalzeit.

Da die Kirche und der Herr das Land besaßen, warum sollten sie nicht Pacht verlangen? Und bieten sie nicht auch Schutz? Vor feindlichen Armeen im Falle der Herren und vor ewiger Qual im Falle der Kirche. Im Grunde sind Steuern eine große Schutzgelderpressung.

Wie viele mafiöse Schutzgelderpressungen dienten Steuern historisch oft dazu, Menschen vor Gefahren zu schützen, die der Beschützer selbst geschaffen hat oder die von ihm ausgehen.

In gewissem Sinne war der Papst über Jahrtausende hinweg der größte Mafioso von allen.

Stört es Sie nicht, dass ein nicht unerheblicher Teil der Steuergelder in das Steuersystem selbst zurückfließt? Dass Ihr hart verdientes Geld verwendet wird, um die Steuergesetzgebung, die Steuerprüfer, die Steuerstrafverfolgung und die Steuerberater der großen Unternehmen zu finanzieren?

"Moment mal, die Steuerberater werden doch mit privaten Geldern bezahlt", mögen einige einwenden.

Sie sollten die vorherigen Kapitel noch einmal lesen. Tatsächlich stammen all die Millionen von Gebühren, die von Unternehmen wie Amazon, Walmart und Google gezahlt werden, aus deren Einkommen - einem Einkommen, das letztlich von Ihnen, dem Verbraucher/ Arbeitnehmer, bezahlt wird. Geld, das nicht mit Ihrem Gehaltsscheck an Sie als Arbeiter überwiesen wird. Geld, das auf die Einzelhandelspreise aufgeschlagen wird. Geld, das besteuert und doppelt, manchmal dreifach besteuert wird.

Um die Sache weiter zu verkomplizieren, beeinflussen die Reichen mit ihrem Geld auch den Steuerschlüssel selbst, indem sie Politiker bestechen, spenden, usw., aber am Ende kommt dieses Geld auch aus Ihrer Tasche. Es ist ein unendlicher Regress der Steuern.

Hier in Deutschland gilt man (in den Augen der Regierung) als reich, wenn man mehr als 60.000 Euro vor Steuern verdient. In den wohlhabenden Teilen des Landes, wie in meinem geliebten Bayern, kann man sich damit kaum ein Haus leisten. In dieser Einkommensklasse, von 60 bis etwa 180 Tausend, zahlen Sie den höchsten Prozentsatz an Steuern. Ihr Abzug von Steuern plus Sozialabgaben kann, je nach Familienstand und Krankenversicherung, leicht über 50% betragen. Da die Sozialabgaben ein Prozentsatz Ihres Gehalts sind und auf einen bestimmten Betrag gedeckelt sind, müssen Sie, wenn Sie mehr verdienen, automatisch weniger zahlen (prozentual gesehen). Erschwerend kommt hinzu, dass man, wenn man wirklich reich ist, auch aus bestimmten Sozialversicherungen aussteigen kann. Dazu kommt, dass man sich, wenn man so viel verdient, die schlausten Anwälte und Steuerberater leisten kann.

Alles in allem ist das ganze Steuersystem seinem Wesen nach darauf ausgerichtet, die Armen arm zu halten und die Mittelschicht, insbesondere die obere Mittelschicht, am stärksten zu belasten.

Erinnern wir uns an dieser Stelle daran, dass per Definition die Hälfte Ihres (potentiellen) Einkommens an die reichen Erben gehen muss. Wird nun klar, warum Sie mit diesem Steuersystem nie mehr als vielleicht ein Viertel dessen bekommen werden, was Ihre Arbeit tatsächlich wert ist? Es sei denn, Sie gehören zu den 1%, natürlich.

Was das Ganze noch schlimmer macht, ist die Tatsache, dass die Lenkungsfunktion der Steuern mit dem derzeitigen System erheblich behindert wird. Wenn die Reichen sich der Steuer entziehen oder sie einfach den Verbrauchern in Rechnung stellen können, gibt es für sie keinen Anreiz, diesen Planeten nicht auszubeuten und zu verschmutzen. Und der arme Verbraucher hat auch keine Wahl, weil seine Finanzen so knapp sind, dass er die billigste Variante wählen muss, egal was kommt.

Es wird oft gesagt, dass "der Verbraucher mit seinem Dollar entscheidet", und daher seihen viele Vorschriften unnötig. Was dieses Steuersystem jedoch bewirkt, ist, dass 99% der Bevölkerung für jeden Dollar an Verdienst, den sie schaffen, eine halbe oder sogar nur eine

Viertelstimme bekommen. Diejenigen, die keinen Verdienst schaffen (die reichen Erben), bekommen 50% aller Stimmen. Wenn dies eine Marktdemokratie sein soll, haben wir völlig versagt.

Welche Alternativen zu Steuern gibt es also?

Die erste habe ich bereits vorgeschlagen. Wir müssten einen Fonds haben, der einen Anteil an jedem großen Unternehmen besitzt und dem alle Ländereien und natürlichen Ressourcen eines Landes gehören.

Warum und wie ist das anders als eine Steuer?

Es ist in vielerlei Hinsicht anders. Am wichtigsten ist, dass es kein Steuersystem mit all seinen teuren bürokratischen Institutionen braucht, von Steuergesetzen bis hin zu Gefängnissen für Steuervermeider. Da der Fonds einen bestimmten Prozentsatz an großen Unternehmen besitzt, wird er genauso bezahlt wie die anderen Aktienbesitzer und Investoren. Wenn das Unternehmen ihnen mehr Dividende geben will, muss es auch mehr Dividende an den Fonds ausschütten.

Zweitens: Der Fonds ist nicht die Regierung. Er ist im Besitz des Volkes der Nation. Eine Aktie pro Person, nicht übertragbar, sodass die Menschen darüber abstimmen können, was der Fonds tut. Auf diese Weise können sie kontrollieren, wie viel die Regierung ausgibt und wie die Unternehmen die Umwelt und das Land, in dem sie arbeiten, behandeln.

Dies gibt den Menschen eine gerechtere Stimme als ein Dollar, und es macht die Marktstimme eines jeden Dollars mächtiger und fairer.

Ein dritter Vorteil ist der Besitz von Grundstücken und Ressourcen. Da Land nur gepachtet werden kann, gibt es viel deutlichere Möglichkeiten, Verursacher von Umweltverschmutzung zur Verantwortung zu ziehen. Im Moment ist es oft ein "aber das ist mein Land, also kann ich tun, was ich will". Mit dem System, das ich vorschlage, ist es wie eine Vermieter-Mieter-Situation heute.

Ein Beispiel wäre die Ölförderung. Wenn Sie heute den Boden und das Wasser auf Ihrem Grundstück verschmutzen, ist das meistens Ihre Sache. Das ist das Gleiche, wie wenn ein Hausbesitzer sein Haus mit Graffiti besprüht, die Fenster einwirft und die Garage abbrennt. Das ist seine Sache, solange er nicht auch noch die Garage des Nachbarn mit abbrennt.

Wenn Sie jedoch den gleichen Schaden an einem gemieteten Haus anrichten, haften Sie gegenüber dem Eigentümer, und oft rettet Sie auch eine Konkursanmeldung nicht vor der Verantwortung, weil Sie strafrechtlich verfolgt werden und auch Wiedergutmachung leisten müssen.
Im Falle eines Ölkonzerns bedeutet dies, dass er sein Verhalten überdenken oder befürchten muss, dass seine Führungskräfte ins Gefängnis gehen und das Unternehmen pleitegeht.

Ein weiterer Vorteil dieses Ansatzes ist der gemeinsame Schmerz, den eine Geldstrafe verursacht. Da alle großen

Unternehmen teilweise im Besitz aller Bürger sind, wirkt sich ein Aktiencrash nach dem Untergang eines Öltankers oder einer hohen Geldstrafe wie beim Dieselgate-Skandal direkt auf den Wert des Fonds und damit auf das Vermögen eines jeden Bürgers aus.

Sicher, diese Lösung birgt die Gefahr, dass die Menschen bei Verschmutzungen ein Auge zudrücken, um ihre Aktienwerte nicht zu beeinträchtigen. Die einzig denkbare Lösung für dieses Problem ist eine unabhängige und unbestechliche Gesetzgebung und Rechtsprechung.

Ich halte das oben beschriebene Szenario allerdings ohnehin nicht für allzu wahrscheinlich.

Was die Gefahr von laxen Regeln für Umweltsünder mindert, ist die Tatsache, dass alle Bürger auch Eigentümer der Konzerne sind. So können sie mehr Kontrolle einfordern und ausüben, um Skandale wie Dieselgate zu verhindern.

Sollte eine solche Katastrophe sich dennoch ereignen, haben die Bürger die Möglichkeit, den Vorstand eines Konzerns direkt zu verklagen. Das erhöht den Druck und die Kontrolle auf die Führung eines Unternehmens, ohne dass der Betrieb behindert wird.

Um es auf den Punkt zu bringen: Wenn man die Steuern abschafft und stattdessen die Regierung, die Sozialversicherung usw. mit dem Fonds finanziert, gewinnen alle.

Alle? Bedeutet das nicht, dass alle derzeitigen Aktionäre und Firmeneigentümer ihre Anteile abgeben müssen? Ist das nicht sozialistischer Diebstahl?

Gute Frage. Lassen Sie mich erklären, warum es das nicht ist und warum sogar die Firmeneigentümer und Investoren mein System bevorzugen sollten.

"Wir behaupten, dass der Versuch einer Nation, durch Steuern zu Wohlstand zu gelangen, dem Versuch eines Mannes gleicht, der in einem Eimer steht und versucht, sich am Griff hochzuziehen."
– **Winston Churchill**

Kapitel 7 – Win-Win statt Sozialismus

Auf dem Papier klingt der Sozialismus wie eine gute Idee; jeder in der Gesellschaft ist gleich, und wir alle teilen alles. Das Problem ist natürlich, wie so oft, die menschliche Natur. Wie viele utopische Ideen, die in der Theorie großartig erscheinen, kann der Sozialismus einfach nicht funktionieren, weil der Homo sapiens nicht so verdrahtet ist.

In einer echten sozialistischen/kommunistischen Gesellschaft gibt es keine monetäre Belohnung für härteres Arbeiten oder das Erfinden neuer Dinge,[17] sodass die Produktivität tendenziell niedriger ist. Natürlich ist es nicht so schlimm, wie viele Liberalisten behaupten. Viele Ingenieure und Wissenschaftler machen ihre Arbeit aus Leidenschaft; so war die Sowjetunion technologisch nie weit hinter den USA, und China überholt derzeit den Westen.

Das Hauptproblem liegt darin, dass der Mensch biologisch dazu neigt, in Hierarchien zu denken und zu versuchen, auf der sozialen Leiter aufzusteigen. Ein egalitärer Sozialismus geht gegen die menschliche Natur und ist daher sehr schwer, wenn nicht gar unmöglich, umzusetzen.

---

[17] Richard Wolff würde wahrscheinlich widersprechen, aber ich verwende hier die Begriffe Sozialismus und Kommunismus im Sinne des 20. Jahrhunderts, nicht wie sein Begriff Democracy@Work. Ich beschreibe die Unterschiede zwischen diesem Begriff und dem Demokratischen Kapitalismus später.

Dies ist meiner Meinung nach der Hauptgrund, warum die meisten sozialistischen Länder zu Diktaturen geworden sind. Alle fangen mit großen Hoffnungen an, aber nach der Revolution stellen sie fest,
"Oh, die Menschen sind nicht reif und rational genug, um im wahren Kommunismus zu leben." Und dann beschließt der Staat, einen Staatskapitalismus oder Sozialismus als Übergangszeit zu machen und die Menschen zu verbessern, bis sie bereit sind.

Was nie passiert, da Menschen immer Menschen sein werden.

Was der Westen in dieser Hinsicht besser gemacht hat als der Osten, war, dass er, anstatt den Kapitalismus abzuschaffen, den Kapitalismus einfach abgeändert hat. Dies milderte einige der schrecklichsten Probleme der Industrialisierung des neunzehnten Jahrhunderts und des Raubtierkapitalismus.

Darüber hinaus übernahmen die meisten Länder einige sozialistische Ideen, wie soziale Sicherheit und Krankenversicherung, und bauten sie in ihre Verfassung ein, manchmal erklärten sie diese Dinge sogar zu Menschenrechten.

Der nächste Trick war, die Länder zu demokratisieren. Menschen, die glauben, dass ihre Stimme gehört wird, sind glücklicher und leichter zu kontrollieren als solche, die unterdrückt und durch Gewalt und Angst in Schach gehalten werden.

In Wirklichkeit war der Einfluss des demokratischen Souveräns auf die tatsächliche Politik nicht immer stark, aber zumindest die meisten westlichen Länder wurden im 20. Jahrhundert mehr oder weniger demokratisch.

Eine bemerkenswerte Ausnahme waren die USA, wo zu Beginn des 20. Jahrhunderts einige Konzerne und reiche Familien so mächtig geworden waren, dass sie drohten, dem Parlament die Souveränität zu nehmen.

Als Abhilfe wurden Anti-Kartell-Gesetze erlassen.

Mit diesen Anti-Kartell-Gesetzen wurden die USA zur mächtigsten Nation der Erde und ihre Bevölkerung hatte den wohl höchsten Lebensstandard.

Dies endete, als die Kartellschutzgesetze während der Reagan/Thatcher-Ära weitgehend außer Kraft gesetzt und seither weiter verwässert wurden.

Heute haben wir wieder Konzerne und Banken, die mächtiger werden als Staaten und deren Einfluss unsere Demokratie und unsere Freiheit langsam aushöhlt und wegspült.

Ok, also führen wir die Anti-Kartell-Gesetze wieder ein?

Leider helfen uns die Kartellgesetze dieses Mal nicht weiter. Viele der heutigen Dienstleistungen beruhen stark auf dem Netzwerkeffekt, was einfach bedeutet, dass das gesamte Geschäftsmodell auf einem Monopol beruht. Amazon ist nicht nur so groß, weil es der beste Einzelhändler ist. Der Online-Handel ist ein so unübersichtlicher Markt, dass das erste umfassende Angebot dazu bestimmt war, groß zu werden. Wir alle sehnen uns nach einem einfachen One-Stop-Shop, und Amazon erfüllt diesen Wunsch.

Im Grunde genommen würde Amazon seine Attraktivität verlieren, wenn es auseinandergerissen würde.

Das Gleiche gilt für Suchmaschinen (Google), Betriebssysteme (Microsoft, ein bisschen Apple und ein Bruchteil von Unix) und andere Dienstleistungen. Es gibt bestimmte alltägliche Unternehmen, ohne die wir uns ein Leben nicht vorstellen können, deren gesamtes Geschäftsmodell vom "Winner takes all"-Ansatz abhängt. Im 20. Jahrhundert war das nicht der Fall. Wenn man Standard Oil zerschlägt, hat man einfach mehr Ölfirmen. Wenn man YouTube zerschlägt, hat man am Ende eine Menge von Rand-Videoplattformen, die niemand nutzt. Sicher, diese Randplattformen gibt es heute schon, vor allem im kommerziellen Bereich und in der Unterhaltung für Erwachsene. Die Verweildauer auf all diesen Plattformen zusammen (ja, sogar Pornos) verblasst jedoch im Vergleich zu YouTube.
Was Nutzer, und da bin ich keine Ausnahme, an YouTube mögen, ist, dass es die eine Plattform ist, auf der man alle guten Inhalte findet.

Es ist an der Zeit, dass wir neue Methoden finden.

Wie der linke Schrei "Besteuert die Reichen" ist "Zerschlagt sie" eine Lösung aus dem 20. Jahrhundert, die in diesem Jahrtausend nicht funktionieren wird.

Wenn die Zerschlagung dieser riesigen Konzerne keine gute Lösung ist, sollten wir sie dann einfach entprivatisieren? Sollte die Regierung sie übernehmen?

Bitte nicht. Wann war die Regierung jemals gut darin, ein Unternehmen zu führen, geschweige denn innovativ zu sein?
Das ist auch kein zufälliger Fehler; es ist systematisch. Eine demokratische Regierung ist wie geschaffen für Kompromisse und Diskurs. Innovation und Disruption hingegen sind von Natur aus extrem.

Nein, wir brauchen eine bessere Idee. Und hier kommt der öffentliche Fonds des Demokratischen Kapitalismus ins Spiel.

"Aber wie und warum ist die Abgabe von Anteilen an einen Treuhandfonds anders als eine Umverteilung?", werden Sie vielleicht fragen.

Erstens: Es wird nichts weggenommen. Anstatt den Aktionären und Unternehmern Aktien wegzunehmen, werden einfach neue Aktien gedruckt. Wie das funktioniert, werde ich in einem späteren Kapitel erklären.

Zweitens: Die Regierung besitzt hier nichts. Jede Person besitzt eine Aktie des Fonds und das Parlament hat keine direkte Kontrolle über den Fonds oder die vom Fonds gehaltenen Unternehmen. Das haben nur "Wir, das Volk".

Hätte dies nicht den gleichen Effekt wie eine parlamentarische Demokratie? Würde das nicht die

Innovation ersticken und die Konzerne so weit bremsen, dass sie nicht mehr konkurrenzfähig sind?

Nein. Der Grund dafür ist, dass sich für das Unternehmen durch den Aktientransfer nichts ändert, zumindest nicht für das Tagesgeschäft. Unternehmen haben bereits Aktionäre. Nur weil es mehr Aktionäre gibt, ändert sich die Entscheidungsfindung des CEOs nicht per se.

Er/sie führt das Unternehmen immer noch mehr oder weniger nach Gusto. Der Hauptunterschied besteht darin, dass mehr Menschen in Aktionärsversammlungen abstimmen können. Der Vorstand und die Führung des Unternehmens haben somit eine breitere demokratische Legitimation und müssen mehr Stakeholder berücksichtigen, wenn sie ihre Position behalten wollen. Abgesehen davon könnte die Unternehmensstruktur die Gleiche bleiben.

Es stellt sich jedoch eine wichtige Frage:
Sollte sie gleich bleiben?

"Der Kapitalismus ist eine Weiterentwicklung des Feudalismus, so wie der Feudalismus eine Weiterentwicklung der Sklaverei ist. Der Kapitalismus ist nur die Methode der Herren der Sklaverei."
– **Kwame Nkrumah**

Kapitel 8 - Heil dem König

Der moderne Kapitalismus hat sich aus dem Feudalismus und der Sklaverei entwickelt, und er hat noch nicht alle Altlasten seiner Vorgänger abgelegt.
In diesem Kapitel erörtern wir einige der Dinge, die sich ändern müssen und wie man sie ändern kann. Ein ganz entscheidender Punkt ist die Rolle des Vorstandsvorsitzenden in einem Unternehmen.

Ein Vorstandsvorsitzender (CEO) ist das am nächsten liegende moderne Gegenstück zu einer Königsfigur.

Er (oder sehr selten sie) regiert das Firmenimperium, legt dessen Gesetze fest und setzt sie durch. Wenn es sich um ein privates Unternehmen handelt, ist der Vorstandsvorsitzende oft auch der Eigentümer und seine Befugnisse werden nur durch Menschen- und Arbeitsrechte eingeschränkt.
Im Falle eines öffentlichen Unternehmens verfügen der Vorstand und die Aktionäre zumindest über einige Möglichkeiten, den Vorstandsvorsitzenden unter Kontrolle zu halten.

Warum ist das schlecht?

Man könnte denken, dass ein allmächtiger Despot durchaus etwas Gutes sein kann. Schließlich habe ich gerade erörtert, dass Demokratie manchmal langsam und von durchschnittlicher Qualität sein kann.

War es nicht die starke Hand von Bill Gates, die Microsoft zum Marktführer bei Betriebssystemen und ihn zu einem der reichsten Männer der Welt gemacht hat?
War es nicht das Genie und die unkonventionelle Führung von Steve Jobs, die Apple vom Rande des Bankrotts zurückholte und zum Weltmarktführer für Telefone machte?

Auf beide Fragen lautet die Antwort natürlich ja.

Aber war es nicht ein Vorstandsvorsitzender von Exxon, der den Klimawandel jahrzehntelang leugnete?
War es nicht ein paar Vostände, die beschlossen, Abschalteinrichtungen in Dieselmotoren einzubauen?
Und war es nicht eine ganze Reihe von Konzernchefs, die beschlossen haben, auszulagern, Löhne zu drücken und Arbeiter und Umwelt zu bescheißen?

Ein Unternehmen, insbesondere ein großer internationaler Konzern, entscheidet über das Leben von Tausenden, wenn nicht Millionen. Die Mitarbeiter und ihre Familien sind dabei die Augenscheinlichsten. Kunden, die Menschen, die in der Nähe der Fabriken leben, und die Umwelt sind oft weniger beachtete, aber ebenso betroffene Interessengruppen.

Die niederländische Ostindien-Kompanie aus den 1600er Jahren ist ein gutes Beispiel dafür, was schief gehen kann. Die Niederlande waren eine der ersten modernen Republiken. Dennoch wurde ihre Ostindien-Kompanie autokratisch regiert, ähnlich wie moderne Unternehmen. Zu ihrer Blütezeit war sie wohl mächtiger als die meisten Nationen. Sie prägte Münzen und hatte sogar Kolonien.

Und als sie ins Wanken geriet, ging das niederländische Imperium mit ihr unter.

Heute nähern wir uns rasch einer ähnlich gefährlichen Situation. Am deutlichsten wurde dies, als die Finanzkrise 2008 ausbrach und wir plötzlich von Banken hörten, die "zu groß zum Scheitern" sind. Im Grunde hat sich der Finanzsektor so sehr verfestigt, dass eine einzige scheiternde Großbank oder ein einziges Unternehmen die gesamte Wirtschaft und die Regierung zum Einsturz bringen kann - eine Situation, die den britischen und niederländischen Ostindien-Kompanien erschreckend ähnlich ist.

Heutzutage ist es vielleicht sogar noch schlimmer, denn Geld und Waren bewegen sich heute schneller um den Globus als je zuvor. Die Lieferketten sind extrem internationalisiert und eng getaktet worden, und große Konzerne operieren über Länder und Kontinente hinweg.

Heute kann ein Crash nicht nur eine Region oder ein Land zu Fall bringen, sondern die gesamte Weltwirtschaft und die Versorgung mit Medikamenten und anderen wichtigen Gütern weltweit gefährden.

Und das ist auch keine hypothetische Gefahr. Zum Zeitpunkt der Erstellung dieses Buches befinden wir uns mitten in der COVID-19-Pandemie. Im Westen haben wir bereits schmerzlich zu spüren bekommen, dass wir uns in unseren Lieferketten zu sehr auf China verlassen haben, als uns Anfang 2020 die Masken und andere persönliche Schutzausrüstungen ausgingen.[18]

---

[18] Dazu zählen z. B. Mundschutzmasken, Kittel usw.

Im Moment sind mehrere Unternehmen dabei, Impfstoffe und Medikamente zu zertifizieren, und einzelne Regierungen haben begonnen, darum zu kämpfen, genug davon zu bekommen, um ihre Wähler zu versorgen.

Das verlangt eindeutig nach einer Verbesserung unseres Wirtschaftssystems.

Gerade jetzt wird in vielen Ländern der Ruf nach Verstaatlichung und Zentralisierung immer lauter. Auf der anderen Seite kann man, wenn man die Zahl der Todesopfer in einem Land vergleicht, deutlich sehen, dass es einem Land umso schlechter geht, je autokratischer es ist.
Wenn COVID-19 Sie nicht davon überzeugt, dass mehr Demokratie auch in Krisenzeiten besser ist, dann weiß ich nicht, was dann noch.
In der heutigen Zeit stehen wir vor vielen, vielen Problemen. Einige sind so gravierend, dass sie die Zukunft unserer Spezies selbst bedrohen. Wir brauchen neue Lösungen für diese Probleme. Wir brauchen mehr Demokratie.

Das Konzept, das uns auf den richtigen Weg bringen könnte, um diese Probleme tatsächlich zu lösen, ist das, worum es in diesem Buch geht.

Für den Anfang schlage ich vor, dass wir die Könige des 21. Jahrhunderts loswerden, und zwar nicht, indem wir sie enteignen und die Produktionsmittel wieder in Besitz nehmen, sondern durch Demokratie und Gewaltenteilung.

In den kommenden Kapiteln werde ich mögliche Wege zur Verwirklichung meines Konzepts erläutern. Ich werde mich auf das utopische Best-Case-Szenario konzentrieren, aber auch versuchen, realistischere Optionen aufzuzeigen, wie wir es umsetzen können.

Sind Sie bereit für einen neuen Kapitalismus? Eine neue Wirtschaft? Und hoffentlich auch für eine gerechtere und glücklichere Gesellschaft?

Los geht's.

"Wenn du mich niederstreckst, werde ich mächtiger, als du es dir vorstellen kannst."
– **Obi-Wan Kenobi – Star Wars**

Kapitel 9 – Eine neue Hoffnung

Wir sind dem Untergang geweiht. Darin sind sich C3PO und viele Klimaforscher einig.

Wenn wir so weitermachen wie bisher, wird unsere Spezies sehr wahrscheinlich die nächsten hundert Jahre nicht überleben.

Das mag weit weg klingen, aber angesichts der modernen Medizin wird meine Tochter diese Zukunft vielleicht noch erleben. Sie, Ihre Kinder oder Enkelkinder werden es auch.

Wenn Sie kein über 70-jähriger, orangefarbener Soziopath sind, sollten Sie sich um den Klimawandel, die Umweltverschmutzung und den Überkonsum Gedanken machen.[19]

Wie schlimm ist es?

---

[19] Wenn Sie zufällig leugnen, dass der Klimawandel menschengemacht und/oder ein Problem ist, weiß ich nicht, wie ich Ihnen helfen kann. Zum jetzigen Zeitpunkt kann jeder, der seit mehr als zwei Jahrzehnten am Leben ist, den Klimawandel beobachten, wenn er/sie nur aus dem Fenster schaut.

Ich verstehe, dass dies schwer zu akzeptieren ist, weil Sie sich vielleicht schuldig fühlen und sich daher in kognitiver Dissonanz befinden. Oder Sie leugnen es vielleicht, weil Sie Angst haben, Ihren Lebensstandard zu verlieren. Wenn dem so ist, seien Sie versichert, dass das, was ich vorschlage, Sie nicht schlechter stellen wird, sondern besser.

Nun, bisher haben wir uns konsequent an die Worst-Case-Szenarien des IPCC-Berichts gehalten. Schlimmer noch, die Annahmen und Modelle des IPCC haben sich immer wieder als zu konservativ erwiesen – nicht als alarmistisch, wie viele behaupten.
Gerade zum Zeitpunkt des Schreibens dieses Buches befinden sich mehrere Publikationen im Peer-Review-Verfahren, die bestätigen, dass der arktische Permafrost rasch Methan freisetzt. Ein Szenario, das bisher als unwahrscheinlich galt, und wenn es eintreten sollte, dann erst in 50 bis 100 Jahren.
Es gibt eine zunehmende Übereinkunft darüber, dass das, was wir für den Weg zu +1,5°C hielten, in Wirklichkeit ein Weg zu mindestens +3°C ist.

Aus irgendeinem seltsamen Grund scheint dies viele Menschen zu beruhigen. Erst kürzlich wurde ich mit dem folgenden Argument konfrontiert:

"Da wir das Pariser Ziel nicht erreichen können, sollten wir unsere Anstrengungen einschränken und die Wirtschaft retten."

Wenn Sie dieser Logik etwas abgewinnen können, lesen Sie bitte nach, wie verheerend drei Grad wären und denken Sie noch einmal über Ihre Meinung nach.

Um es ganz offen zu sagen: Zu sagen, wir sollten unsere Anstrengungen einschränken, weil es sowieso schlimmer als unser Ziel kommen wird, ist so, als würde man sagen:

"Wenn ich jetzt bremse, fahre ich nicht mit 5, sondern mit 50 Kilometer pro Stunde gegen die Wand? Aber dann würde ich den teuren Wein in meinem Kofferraum verschütten. Also warten wir mit dem Bremsen noch ein bisschen. Wenn ich dann mit 100 Sachen gegen die Wand fahre, ist es doch nicht so viel schlimmer als mit 50."

Diese Argumentation hat einen schweren Fehler.

Genauso wie die anderen Argumente, die gegen strenge Umweltgesetze und CO2-Einsparungspläne vorgebracht werden. Eines der schlimmsten, das ich immer wieder höre, ist:

"Aber es schadet der Wirtschaft."

Was, glauben Sie, wird mit der Wirtschaft passieren, wenn wir den Klimawandel NICHT angehen? Nur ein Hinweis. Es wird nicht angenehm werden.

Hier in Deutschland hat diese Unlogik der Ölindustrie, die von vielen ängstlichen Menschen gedankenlos wiederholt wird, bereits ihre gefährlichen Auswirkungen gezeigt.

Einst waren wir stolze Vorreiter in Sachen Solar- und Windenergie, nicht nur führend beim Ausbau der ökologischen Energieerzeugung, sondern auch bei der Produktion der Panels und Turbinen.
Inzwischen ist die deutsche Solarindustrie tot, und die Windindustrie liegt im Sterben. Der Bau von Solarparks verlangsamt sich, und Windturbinen verschwinden sogar. Einigen Umweltschützern zufolge haben wir bereits über 100.000 Arbeitsplätze verloren, viel, viel mehr als die

Zahl der Arbeitsplätze in der Kohle, die die Regierung angeblich schützen wollte.

Die deutsche Autoindustrie, einst der Stolz der Nation, und ihre Produkte, Bestseller in aller Welt, befinden sich im freien Fall.
Niemand kauft mehr ihre Verbrennungsmotoren, und ihre batteriebetriebenen Elektroautos sind so teuer und schlecht, dass Tesla sie zu Mittag isst.
Der Weg, auf dem wir hier in Deutschland derzeit sind, führt dazu, dass wir in den nächsten Jahrzehnten unsere Führungsposition in der Weltwirtschaft verlieren werden.

Das darf nicht passieren.

Wir hatten und haben immer noch eines der besten sozialen Sicherungssysteme der Welt. Unsere Wirtschaft wurde in zwei Weltkriegen niedergeschlagen, und wir sind jedes Mal gestärkt daraus hervorgegangen.
Jetzt müssen wir und unsere europäischen Nachbarn eine neue Revolution starten.

Ohne Gewalt, ohne Krieg.

Einen demokratischen Prozess, der die Welt eint, die Umwelt (und damit unsere Lebensgrundlagen) rettet und den Lebensstandard für jeden einzelnen Menschen auf dieser Erde verbessert.

Sprechen wir über das Best-Case-Szenario für unsere Zukunft.

"Jeder Neuanfang kommt vom Ende eines anderen Anfangs."
– **Seneca**

Kapitel 10 - Wo anfangen?

Wie kann man eine Revolution starten? Hat es überhaupt jemals eine erfolgreiche Revolution gegeben? Revolutionen verschlingen ihre Kinder. Zumindest sagt man das.
Selbst Gandhis friedliche Revolution endete mit Gewalt und seiner Erschießung. Natürlich haben einige Revolutionen positive Veränderungen in Gang gesetzt, aber insgesamt waren die Ergebnisse meist chaotisch. Fast jede Veränderung zum Besseren in der Geschichte kam langsam und stetig, indem Menschen zusammenkamen, über die Zukunft nachdachten und dann den Plan in die Tat umsetzten.
Unglücklicherweise brauchten wir in der Geschichte immer etwas Großes, um uns zu vereinen, um uns wirklich näher zusammenzubringen. Das waren meist Kriege und große Krisen.

'Glücklicherweise' erleben wir derzeit mehrere Krisen, die uns hoffentlich so in Panik versetzen, dass wir unsere Hintern vom Sofa hochkriegen.
Wir haben eine verheerende Pandemie, eine Klimakrise, in Plastik ertrinkende Ozeane und eine Zombie-Wirtschaft.
Welches von diesen Dingen am Ende den Wandel einleitet, ist mir egal. Wichtig ist, dass wir uns in Bewegung setzen.

Stellen wir uns eine Zukunft vor, in der die Mehrheit der Menschen motiviert ist, große Veränderungen zu riskieren, weil das bekannte Risiko, sich nicht zu verändern, untragbar ist. Stellen Sie sich vor, es ist das Jahr 2025...

Die Europäische Union hat eine große konstitutionelle Sitzung und wird von Wissenschaftlern beraten. Die Bürger werden in Ratsversammlungen, Rathäusern und online angehört.

Gemeinsam wird eine Charta erstellt.

Die europäischen Staaten schließen sich zu einem demokratischen föderalen Staatenbund zusammen. Sogar Großbritannien tritt dieser neuen EU wieder bei.

Die ersten Artikel der neuen Verfassung garantieren Menschenrechte, Tier- und Umweltrechte und setzen den demokratischen Fonds um.

Im neuen Staat bleiben die Menschenrechte weitgehend erhalten, allerdings mit einer erweiterten Garantie für Bewegungsfreiheit, Meinungsfreiheit und Demokratie. Der Hauptunterschied zu den alten nationalen Verfassungen liegt in den Eigentumsrechten, wo garantiert wird, dass jede Person ein unverkäufliches Recht auf einen Anteil am Fonds besitzen soll. Auch die Eigentumsrechte an Immobilien und Ressourcen werden neu geregelt, und das Eigentum an Land durch den Fonds wird spezifiziert (wir besprechen einen fairen Übergang zu diesem neuen Eigentumssystem später in diesem Buch).
Auch die Rechte auf Demokratie werden erweitert. Das Recht, direkt oder durch Vertreter im nationalen und

internationalen Fonds zu wählen, wird garantiert werden.
Das Recht der Staaten, den Fonds zu kontrollieren und zu beeinflussen, wird definiert und sehr strikt begrenzt werden.
Meine Vision ist es, den Fonds als ein Instrument der direkten Demokratie zu etablieren. Ich schlage vor, dass die Fondsmanager direkt aus dem Kreis geeigneter Kandidaten gewählt werden. Wichtige Entscheidungen über die Strategie des Fonds und die Verwendung der Dividenden werden ebenfalls direkt abgestimmt, allerdings mit der Möglichkeit, die Abstimmung an die Fondsmanager oder einen anderen Delegierten zu delegieren, ähnlich wie bei den heutigen Aktionärsversammlungen.
Die Finanzen des Staates werden gemeinsam von der Regierung und den Fonds-Managern vorgeschlagen und dann von den Bürgern abgestimmt. Jedes Haushaltsjahr wird ein Vorschlag veröffentlicht, und bevor die Abstimmung stattfindet, kann jeder Wahlberechtigte Änderungen vorschlagen, über die dann in einer abgestuften Abstimmung befunden wird.
Ich bin mir bewusst, dass dies zum jetzigen Zeitpunkt sehr schwierig zu realisieren ist, aber mit der aufkommenden Blockchain-Technologie sehe ich mehrere Ansätze, um ein sicheres und kostengünstiges Abstimmungssystem umzusetzen, auf das ich im nächsten Kapitel näher eingehen werde.

In ähnlicher Weise wünsche ich mir ein überarbeitetes nationales Wahlsystem, um eine unparteiische und unverfälschte Demokratie zu gewährleisten.
Es gibt mehrere Ansätze, dies zu erreichen, und viele davon mögen gut oder besser sein als meine Idee, daher

werde ich versuchen, nicht nur zu erklären, was ich vorschlage, sondern auch, warum ich es vorschlage. Hoffentlich ermöglicht dies Ihnen, lieber Leser, meine Ideen zu erweitern und zu verbessern.

Die wesentlichen Mängel in den heutigen europäischen Demokratien sind: Wenig direkte Demokratie,[20] unzureichender Schutz vor Korruption und ein Mangel an wissenschaftlicher Evaluierung der Politik.

Ersteres Problem wird bereits durch die direkte Demokratie, die der Fonds ermöglicht, abgeschwächt. Um die demokratische Teilhabe weiter zu verbessern, soll es Bürgerversammlungen (kurz BVs) geben, die sich aus zufällig ausgewählten Bürgern zusammensetzen. Diese werden von Wissenschaftlern beraten, was bei letzterem Hauptthema hilft.

Die BVs debattieren über Politik und mögliche Strategien und stimmen über eine bevorzugte Vorgehensweise sowie über Alternativen ab. Diese Alternativen werden von Rechtswissenschaftlern und Politikexperten in Gesetzesvorschläge umgesetzt.
Wenn die verschiedenen Strategien in Gesetze umgesetzt sind, wird eine leicht lesbare Version jeder Strategie geschrieben und beide Versionen werden auf einer Regierungswebsite veröffentlicht.
Als nächstes wird eine abgestufte Abstimmung über die vorgeschlagenen Strategien durchgeführt.

---

[20] Vielleicht mit Ausnahme der Schweiz.

Warum mehrere Varianten und eine abgestufte Abstimmung?

Ganz einfach, um Katastrophen wie die Brexit-Abstimmung zu verhindern, bei der eine Schwarz-Weiß-Wahl sowie eine schlechte Medienberichterstattung zu einer uninformierten Entscheidung führten, die viele Menschen sofort bereuten.

Sind "normale" Menschen aber nicht zu unwissend und emotional, um bei solch wichtigen Themen eine gute Wahl zu treffen? Ist das nicht der Grund, warum wir überhaupt eine repräsentative Demokratie haben?

Ja, das stimmt. Meine Hoffnung ist, dass die von Experten vorbereiteten Themen in BVs (deren Sitzungen aufgezeichnet und öffentlich sind), dazu beitragen, von Anfang an bessere Wahlmöglichkeiten aufzuzeigen. Zusätzlich schlage ich eine grundlegende Neugestaltung des Schulsystems vor, aber das ist eine Geschichte für ein ganz anderes Buch.

Und was ist mit lauten Minderheiten?

Das ist meine größte Sorge. Wenn Menschen nicht wählen, weil es ihnen entweder egal ist oder sie denken, dass ihre Stimme nichts zählt, könnte eine winzige, aber organisierte und lautstarke Minderheit ihren Willen bekommen.[21] Die konsequenteste Lösung für dieses Problem wäre eine Wahlpflicht. Dies birgt jedoch eine

---

[21] Natürlich hat unser derzeitiges repräsentatives, auf Lobbyismus basierendes System einen ähnlichen Effekt.

ganze Reihe anderer Probleme, nicht zuletzt die Frage, wie man Leute für das Nichtwählen bestraft und welche Ausreden erlaubt sind.

Lassen Sie uns stattdessen eine andere Option in Betracht ziehen:
Die Online-Wahl.

"Unsere politischen Führer kennen unsere Prioritäten nur, wenn wir es ihnen immer wieder sagen und wenn diese Prioritäten in den Umfragen auftauchen."
Peggy Noonan –

Kapitel 11 – Online-Wahlen und die Blockchain

Online-Wahl? Sind Sie verrückt? Das ist so unsicher.
Heute richtig, morgen falsch.
Auftritt der Blockchain.

Wenn Sie dieses Buch im frühen 21. Jahrhundert lesen, denken Sie wahrscheinlich an Bitcoin, wenn Sie das Wort "Blockchain" hören. Je nach Ihrem Hintergrund könnte Ihr nächster Gedanke dann "Betrug" sein.
Und das aus gutem Grund, denn es gibt viele Alt-Coins da draußen, die nichts als Betrug sind. Die Blockchain-Technologie kann jedoch viel mehr, als nur eine neue dezentrale Währung zu schaffen.
Eine Blockchain ist ein kryptografisches Transaktionsprüfsystem, das normalerweise entweder auf einem Mehrheits- oder Null-Vertrauenssystem basiert. Es beugt Betrug vor, indem es einfach keinen zentralen Datensatz hat, der manipuliert werden kann, sondern verteilte Datensätze auf Computern in einem Netzwerk.
Es gibt mehrere Möglichkeiten, wie eine Blockchain aufgebaut werden kann, ich empfehle Ihnen dringend, einige Bücher zu diesem Thema zu lesen; es ist faszinierend. Hier werden wir die technischen Details auslassen und uns eher auf die Auswirkungen konzentrieren.

Wenn man es richtig macht, ist eine Blockchain die sicherste Art, Transaktionen zu bestätigen. Sie ist viel sicherer als jedes Wahlsystem, das ich kenne. Oder jede andere Technologie, die jemals vorgeschlagen wurde.

Ich weiß, dass Sie dieser Aussage vielleicht skeptisch gegenüberstehen, das verstehe ich. Bitte haben Sie Geduld mit mir.

Wenn Sie ein Blockchain-basiertes Wahlsystem einrichten, ist der wichtigste Punkt die Identifizierung jedes Teilnehmers. Hierfür wird ein privater Schlüssel benötigt. Der private Schlüssel ist wie der PIN Ihrer Kreditkarte.

Im Falle eines Wahlsystems ist etwas so Einfaches wie ein vierstelliger numerischer PIN bei weitem zu schwach. Eigentlich ist jeder Schlüssel, der aufgeschrieben oder kopiert werden kann, schlecht, weil er gestohlen werden kann.
Besser ist ein eindeutiger biometrischer Schlüssel, wie ein Fingerabdruck. Natürlich haben findige Hacker bereits herausgefunden, wie man auch diese stehlen kann.
Daher schlage ich für ein Online-Wahlsystem die Verwendung von vielen parallelen biometrischen Systemen vor. Das kann ein Iris-Scan sein, plus Gesichtsscan, plus Fingerabdruck. Vielleicht sogar Ihre DNA-Sequenz.

Wie Sie sehen können, ist dies eine viel genauere Identifikation als bei der persönlichen Stimmabgabe, aber Sie verstehen im nächsten Kapitel, warum dies notwendig ist, also gedulden Sie sich bitte.

Die nächste Frage ist, wie man diese Daten speichert. Der einfachste Weg wäre, einen Regierungsserver einzurichten, auf dem all diese Daten zentral verwaltet werden. Dies ist aber auch die unsicherste Methode.

Am besten wäre es, ein globales Netzwerk von Computern aufzubauen, und jeder hat die verschlüsselte Version Ihrer Daten und kann Ihre Identität verifizieren. Die Umsetzung dieser Idee birgt eine Herausforderung:

Wie bekommen Sie die Daten sicher auf die einzelnen Computer?

Optimal wäre es, wenn Sie jeden Computer im Netzwerk aufsuchen und sich identifizieren.
Wenn Sie sich nicht an Millionen von PCs anmelden wollen, ist die nächstbeste Möglichkeit, einen oder mehrere vertrauenswürdige Rechner zu verwenden, die als einzige neue Wähler hinzufügen dürfen, die dann die verschlüsselten Daten an alle anderen Server im Netzwerk senden.

Wie könnte das also in der Praxis aussehen?

Wenn Sie das Wahlalter erreicht haben, gehen Sie zu Ihrem örtlichen Wählerverzeichnis. Dort werden Ihr Fingerabdruck, Ihr Gesichtsscan, Ihr genetischer Code usw. abgenommen und zur Generierung Ihres öffentlichen Schlüssels verwendet. Dieser wird verwendet, um Ihr Wählerprofil zu verschlüsseln.

GEFAHR: Unter keinen Umständen darf der Staat Ihre biometrischen Daten direkt speichern. Dies ist nicht nur ein Problem des Datenschutzes, sondern auch ein zentrales Sicherheitsproblem.

Wenn Ihre biometrischen Daten auf einem Computer gespeichert werden, kann Ihre Identität gestohlen werden. Wenn sie nur zur Generierung eines Schlüssels verwendet, aber niemals gespeichert werden, ist es unmöglich, sie zu stehlen, ohne Ihnen eine Waffe an den Kopf zu halten.

Das Wählerprofil enthält alle üblichen Informationen, wie Ihr Geburtsdatum, Ihre Adresse, usw., aber es können weit mehr sein. In der Praxis kann die Wähler-ID zu einem Identifikationsmittel werden, das viel zuverlässiger ist als der derzeitige Ansatz mit Reisepass, Foto und Fingerabdruck.
Es ist auch viel sicherer, besonders wenn der Schlüssel stufenweise vergeben wird.

Was ich damit meine?

Man wird verschiedene Sicherheitsschlüssel für verschiedene Anwendungen besitzen. Ein Beispiel wäre der Fingerabdruck- oder Gesichtsscan für die meisten alltäglichen Transaktionen, wie die Identifizierung im Internet, das Bezahlen im Laden oder das Entsperren Ihres Telefons.
Die aufwändigere Biometrie, wie z. B. DNA, wird nur bei wichtigeren Transaktionen verwendet, wie z. B. beim Kauf eines Hauses. Von größter Bedeutung ist, dass mindestens ein Teil der eindeutigen biometrischen Daten (z. B. Ihr komplettes Genom) niemals auf einem Computer gespeichert wird und nur verwendet wird, wenn Sie sich im Falle eines Identitätsdiebstahls identifizieren müssen.

Dieser Ansatz hat zwei Vorteile:
1. Die Anwendung ist einfacher und billiger. Zum Zeitpunkt der Erstellung dieses Buches hat fast jedes Telefon auf dem Markt entweder einen Fingerabdruckleser, einen Gesichtsscanner oder beides.
2. Für den Fall, dass Sie jemals einen böswilligen Scanner verwenden, der versucht, Ihren Gesichtsscan oder Fingerabdruck zu stehlen, hat die Regierung eine biometrische Möglichkeit, Sie zu entsperren und von einem Betrüger zu unterscheiden.

Sobald Ihr Profil im System ist und von einem verifizierten behördlichen Knotenpunkt hinzugefügt wurde, wird es an alle Rechner im System gesendet, sodass Ihr Profil nicht gelöscht oder manipuliert werden kann.

In der Praxis kann es sinnvoll sein, mehr als einen behördlichen Knoten zum Hinzufügen von Einträgen zu betreiben.

Das bedeutet, dass Sie entweder den Aufwand betreiben müssen, Ihre biometrischen Daten bei zwei oder drei Registrierungsstellen aufnehmen zu lassen (am sichersten), oder die Stelle, bei der Sie sich registrieren, sendet Ihren Datensatz an andere Regierungsstellen.

Das Netzwerk akzeptiert dann nur das Hinzufügen, Ändern oder Löschen von Wählerprofilen, wenn eine bestimmte Anzahl (sagen wir drei) der vertrauenswürdigen Knoten die gleiche Änderung anfordert.

Dies kann genutzt werden, um Ihre Rechte und Identifikation sicherer vor Hackern oder Diktatoren zu machen. Wenn die vertrauenswürdigen Knoten von verschiedenen Instanzen kontrolliert werden, z.B. einer von der nationalen Regierung, einer von einer höheren Instanz wie der EU und einer von den Vereinten Nationen.

Auf diese Weise kann eine korrupte Regierung allein Ihre Daten nicht verfälschen und Ihre Rechte entwenden.

Ok, genug von der Umsetzung und dem Technologiegerede, dies soll kein computerwissenschaftliches Whitepaper sein.

Was sind die Vorteile dieses Online-Wahlsystems?
Der offensichtlichste Vorteil ist natürlich, dass man aus der Ferne wählen kann, falls man körperlich beeinträchtigt ist oder draußen eine Pandemie wütet.

Das Blockchain-System ermöglicht auch viel kompliziertere und häufigere Abstimmungen, so dass man leicht abgestufte Abstimmungen oder offizielle Umfragen realisieren kann.

Warum ist das wichtig?
Ein Beispiel wäre im Falle von öffentlichen Debatten. Bürger könnten Feedback zu politischen Vorschlägen geben, Vorschläge einbringen und über die Vorschläge

anderer abstimmen, bevor ein Gesetzentwurf zur offiziellen Abstimmung gestellt wird.

Auf diese Weise wird der Wille des Volkes viel deutlicher und viel zuverlässiger an die Politiker kommuniziert. In der Praxis mag es zu viel sein, alle Bürger zu den verschiedenen Themen zu hören, weil die Leute einfach nicht mit all den Informationen Schritt halten können, weshalb ich diesen Prozess als Ergänzung zu den BVs vorschlage.

Neben der politischen Teilhabe kann eine zuverlässige Online-Abstimmung noch viel mehr bewirken.

Dieses Abstimmungssystem könnte auch für alle Ihre Abstimmungen in Bezug auf den Fonds oder Aktien, die Sie besitzen, eingesetzt werden und Ihnen eine einfache Möglichkeit geben, Unternehmen wissen zu lassen, was Sie von ihnen wollen, ohne an einer Aktionärsversammlung teilnehmen zu müssen.

Unternehmen könnten die Online-Abstimmung auch nutzen, um anonym, aber ohne Spam, Feedback von Kunden und Mitarbeitern zu erhalten.

Eigentlich bietet dieses Abstimmungs- und Identifikationssystem so viele Möglichkeiten, dass es sogar überstrapaziert werden könnte.

Vielleicht wollen Sie nicht bei jeder Firmen- oder Fondsversammlung abstimmen? Oder vielleicht interessieren Sie sich für bestimmte politische Themen nicht?

Auch kein Problem.

Geben Sie einfach einer Person oder Partei Ihres Vertrauens die Vollmacht, für Sie abzustimmen. Der Umfang dieser Vollmacht wäre natürlich komplett unter Ihrer Kontrolle und jederzeit widerrufbar, dank Smart Contracting.

Smart was?

Smart Contracting ist eine Möglichkeit, die Blockchain für sichere Transaktionen ohne einen Mittelsmann zu nutzen. Bei Immobilientransaktionen zum Beispiel braucht man jemanden, der den Deal vermittelt, damit niemand über den Tisch gezogen wird. In Deutschland ist das der Notar.

Er prüft den Vertrag, sorgt dafür, dass die Eigentumsübertragung reibungslos abläuft und dass die Zahlung korrekt ist.

Mit der Blockchain-Technologie kann man diesen Mittelsmann ausschalten. Die Blockchain kann öffentliche Register enthalten, wie z. B. die Eigentumsverhältnisse von Immobilien. Und mit Smart Contracting ist ein reibungsloser Transfer garantiert und Betrug ausgeschlossen oder zumindest sehr unwahrscheinlich.

Die Technologie, um dies zu realisieren, wird derzeit entwickelt und ist teilweise bereits im Einsatz.

Schauen wir uns ein Beispiel an, das sich derzeit in der Entwicklung befindet:

Angenommen, Sie wollen wertvolle Güter von China nach Europa verschiffen. Schon heute haben moderne Schiffscontainer oft ein telemetrisches System an Bord, das die Temperatur, die Luftfeuchtigkeit und den Standort während des Transports überwacht und die Beschleunigungskräfte erkennt. Mit diesen Systemen ist eindeutig nachvollziehbar, wann oder wie ein Gut beim Transport beschädigt wurde oder verloren ging.

Mit Smart Contracting werden all diese Daten in der Blockchain nachverfolgt. Spielen wir den Bestellprozess mit und ohne Smart Contracts durch, um den Unterschied zu sehen.

Ohne Smart Contract:
1. Der Käufer überweist das Geld an den Verkäufer in China.
2. Der Verkäufer versendet die Ware mit dem Container.
3. Käufer erhält beschädigten oder leeren Container.
4. Der Käufer muss nachweisen, wer den Container beschädigt hat, und die Kosten entweder vom Verkäufer oder vom Spediteur erstattet bekommen.
5. Dies ist international schwierig, sodass das Geld oft verloren ist.

Mit Telemetrie und Smart Contract:
1. Der Käufer und der Verkäufer erstellen einen Smart Contract. Das Geld wird auf dem Konto des Käufers gesperrt, aber noch nicht an den Verkäufer freigegeben.
2. Der Verkäufer versendet die Ware, der Spediteur tritt in den Vertrag ein.

3. Wenn der Container intakt und vollständig ankommt, wird das Geld an den Verkäufer freigegeben.
4. Falls während des Transports etwas passiert, wird das Geld einbehalten, und der Schaden wird entweder von der Zahlung oder dem Konto des Spediteurs abgezogen, basierend auf den Telemetriedaten.
5. Im Falle von Konflikten hilft ein unparteiischer Juror, der vorher im Vertrag festgelegt wurde, bei der Entscheidung, wie der Vertrag abgeschlossen werden soll.

Auf den Punkt gebracht bedeutet Smart Contracting, dass ein dezentrales Netzwerk genutzt wird, um Transaktionen zu verifizieren und sicherzustellen, dass niemand mit dem Geld oder der Ware verschwindet. Perfekt für Null-Vertrauens-Situationen wie Drogengeschäfte... oder internationalen Handel.

Wie können wir dies also nutzen, um das internationale Handelssystem neu zu gestalten?

"Seit Jahrhunderten haben Länder, in denen der Kapitalismus vorherrscht – in denen Unternehmen um die Arbeitgeber-Arbeitnehmer-Beziehung herum organisiert sind – die internationale Handelspolitik ihrer Regierungen zwischen Freihandel und Protektionismus hin und her geschoben. Trumps Zolldrohungen und -pläne sind nichts Neues. Sie stellen nur die jüngste Verschiebung in einer alten, alten Pendelbewegung dar."
– **Richard Wolff**

Kapitel 12 – Globalisierung neu denken

Globalisierung. Was für ein aufgeladenes Wort. Die einen halten es für das Schlimmste, was je passiert ist, die anderen sagen, es sei unvermeidlich und entscheidend für unser Wirtschaftswachstum.

In Wirklichkeit ist die Frage falsch.

Wie Sie aus dem Zitat von Prof. Wolff auf der vorherigen Seite ersehen können, hatten wir schon immer eine Art von internationalem Handel, und Länder haben zwischen mehr und weniger Beschränkungen hin- und her gewechselt. Im Grunde bedeutet das, dass wir zwischen mehr und weniger Globalisierung hin- und hergewechselt haben, denn auf den Punkt gebracht bedeutet dieses Wort einfach, dass die Lieferketten international sind.

Wenn man im 16. Jahrhundert Kleidung aus Seide herstellen wollte, musste man das Rohmaterial aus China importieren, so wie die Smartphone-Industrie heute Komponenten aus der ganzen Welt importiert und in China produziert.

Der Hauptunterschied ist, dass heute alles schneller und vernetzter ist. Anders als in früheren Jahrhunderten stehen Arbeiter in Europa oder Amerika heute in direkter Konkurrenz zu Arbeitern in Asien.

Warum ist das ein Problem?

Es gibt erhebliche Unterschiede bei Löhnen, Steuern und Standards. In einem weniger entwickelten Land zu produzieren, hat oft finanzielle Vorteile für die Konzerne. In der so genannten Dritten Welt verlangen Arbeiter weniger für die gleiche Arbeit, die Regierungen sind schwächer und in einer ausweglosen Position und haben weniger Auflagen zum Schutz der Arbeiter und der Umwelt.

Dadurch werden Arbeitsplätze aus den reicheren Ländern in die ärmeren verlagert, was in den reichen Ländern zu Unmut führt.

Auf der anderen Seite führt die Produktion von Waren in ärmeren Ländern zu niedrigeren Kosten und niedrigeren Verbraucherpreisen, was für die Mittelschicht in der "Ersten Welt" von Vorteil ist.

Und so beginnt das politische Pingpong von Freihandel zu Protektionismus und zurück.

Für mich ist dieses Dilemma bizarr. Es wird immer so dargestellt, als wären Protektionismus und Freihandel die einzigen Optionen, die auf dem Tisch liegen. Das ist eine falsche Dichotomie.

Es gibt andere Möglichkeiten, wie internationale Arbeit und Handel organisiert werden können.

Der beste Ansatzpunkt für die Lösung dieses Problems ist das internationale Recht.

So wie ich vorschlage, die EU zu einem Bundesstaat zu reformieren, sollten wir die UNO bundesstaatlich organisieren.

Wie lässt sich das bewerkstelligen?

Am besten wäre es, wenn sich alle UN-Staaten auf eine gemeinsame Verfassung einigen und eine föderale Union bilden. Die heutigen kleinen Nationalstaaten werden in einer föderalen kontinentalen Union organisiert, und diese vereinigen sich dann in einer globalen Union.

Natürlich könnte es sich als schwierig erweisen, alle Länder dafür zu gewinnen.

Ein wahrscheinlicheres Szenario ist, dass einige der großen Volkswirtschaften, z. B. die USA, Deutschland und Japan, beschließen, eine Union zu bilden.
In dieser Union wird der Fonds auf nationaler, kontinentaler und globaler Ebene umgesetzt. Ein Teil aller Unternehmensanteile, sämtliches Land und alle Ressourcen werden zwischen diesen drei Pools des Fonds aufgeteilt.[22]

Die Attraktivität des Grundeinkommens, das durch den internationalen Fonds ermöglicht wird, führt dann dazu, dass andere kleinere Länder der Union beitreten.

---

[22] Der beste Fall wäre, wenn es keine nationalen und internationalen Pools gäbe, sondern nur einen globalen Fonds, aber das ist unwahrscheinlich, da die Menschen in den reichsten Nationen nicht zustimmen würden.

GEFAHR: Dies könnte dazu führen, dass sich die Bürger in den größeren Volkswirtschaften an ihre eigene Pfründe klammern.

Es ist daher notwendig, dass die Vorteile dieser Union klar vermittelt werden und im Fokus stehen. Diese Vorteile lassen sich in drei Kategorien zusammenfassen:

1. Eigennützige Vorteile
2. Nutzen für die internationale Gemeinschaft
3. Moralische Verpflichtungen und kapitalistische Prinzipien

Die offensichtlichsten eigennützigen Vorteile sind finanzielle Gewinne für kleine Volkswirtschaften. Nicht so offensichtlich, aber mindestens genauso stark sind die Vorteile für große Volkswirtschaften.

Durch die Abschaffung von Steuern gibt es weniger Anreize für Unternehmen, ihre Produktion ins Ausland zu verlagern, insbesondere nicht in Länder, die nicht Teil des Fonds sind. Aufwändige, kostspielige Steuersysteme sind unnötig. Das erhöht die Arbeitsplatzsicherheit, und es wird weniger Geld für Bürokratie verschwendet.

Für die Unternehmen ist dies ebenfalls von Vorteil, da sie mehr Flexibilität in ihren Lieferketten gewinnen und weniger Kosten haben.

Die internationale Demokratie, die durch den Fonds ermöglicht wird, hilft auch dabei, gleiche Standards zu setzen.

Was zum zweiten Punkt führt. Mit einer demokratischeren und international standardisierten Wirtschaft können Umweltschutz, Arbeitsrecht und soziale Sicherheit weiterverbreitet und vereinheitlicht werden, wovon die gesamte Gesellschaft profitiert. Diese Standards werden auch auf eine demokratischere und transparentere Weise festgelegt, was sowohl den Industrien Planungssicherheit als auch den von der Wirtschaft betroffenen Menschen Kontrolle gibt.

Ein weiterer Vorteil eines demokratischen Prozesses, der den Markt reguliert und die Wirtschaft (und die Staatsfinanzen) kontrolliert, ist, dass das Geld auf moralischere Art und Weise investiert wird.

Im Moment werden alle Staatsausgaben und Subventionen von ein paar Leuten kontrolliert, die leicht bestochen werden können. Wenn die Öffentlichkeit einen direkten Einfluss hat, erwarte ich, dass mehr Geld in den Schutz der Umwelt und in Bildung, Gesundheitsfürsorge, etc. investiert wird.

Außerdem reduziert mehr Transparenz in den Staatsfinanzen die bürokratische Verschwendung. Der Fonds stellt Regierungen und Unternehmen in einen direkten Wettbewerb. Dadurch wird sichergestellt, dass die Regierung nur das tut, was sie am besten kann, und das Gleiche gilt für den privaten Sektor.

Darüber hinaus stellt der Fonds sicher, dass kapitalistische Prinzipien aufrechterhalten werden.

Wie funktioniert das?

Schauen wir uns ein paar Beispiele an:
Das Jahr 2020 war geprägt von der COVID-19-Krise, die die Welt verwüstete und mehr als drei Millionen Menschen tötete (nach konservativen Schätzungen).

Wenn man westliche Länder vergleicht, ist ein Trend deutlich zu erkennen. Je weniger demokratisch das Land ist, desto höher ist die Zahl der Todesopfer.
Viele autoritäre Führer leugneten anfangs sogar die Pandemie oder versuchten, sie als harmlose Grippe darzustellen.

Der zweite Trend, den man erkennen kann, ist die umgekehrte Beziehung zwischen freien Märkten im Gesundheitswesen und dem Ausgang der Pandemie. In den USA, wo das gesamte Gesundheitssystem kapitalistisch ist, wurde die Pandemie nie unter Kontrolle gebracht. Die erste Welle ging direkt in die zweite und dritte über.[23]

In Deutschland hingegen, wo jeder Bürger entweder privat oder öffentlich krankenversichert ist, war die Zahl der Todesopfer pro hunderttausend Menschen weitaus geringer.

Das soll nicht heißen, dass ein freier Markt schlecht ist. Ein freier Markt ist nur nicht das richtige Werkzeug für

---

[23] Nach der Fertigstellung des Buches scheinen sich die USA nun zu wenden, aber nur, weil Präsident Biden den "Defense Production Act" in Kraft gesetzt und den freien Markt im Wesentlichen aufgehoben hat.

jedes Gut. Es hat einen Grund, warum das Militär, die Polizei und das Gesundheitswesen besser in einer nicht wettbewerbsorientierten Weise organisiert sind.[24]

Es ist einfach nicht wirtschaftlich, notwendige Versorgungseinrichtungen zu privatisieren.
Und glauben Sie mir, ich war früher ein Befürworter dieser Idee und verwerfe sie nicht von vornherein.
Denken Sie nur einmal andersherum darüber nach.
Warum ist der freie Marktkapitalismus in Bereichen wie Smartphones oder Computern so gut?

Konsumtechnologien sind von Natur aus nicht notwendig.

Auch wenn es sich so anfühlt, als könne man ohne WiFi nicht überleben, kann man es durchaus. Die Menschen haben das seit Jahrtausenden getan.
Bei Gütern wie Telefonen ist der Wettbewerb also gesund. Er fördert eine bessere Technologie, weil die Menschen die Wahl haben, das neue Zeug nicht zu kaufen.
Wenn eine Technologie nicht überlebensnotwendig ist, hat man die Wahl, ein Produkt zu besitzen oder nicht zu besitzen. Man kann ein Smartphone kaufen, aber man BRAUCHT kein Smartphone.
Das führt dazu, dass ein Unternehmen nur dann überleben kann, wenn es neue Telefone produziert, die so viel besser sind als die vorherige Generation, dass man gezwungen ist, Geld auszugeben und umzusteigen.
Außerdem ist es relativ einfach, in den Smartphone-Markt einzusteigen; so viele Unternehmen buhlen um Ihre

---

[24] Ein weiterer Grund wurde bereits in einem früheren Kapitel besprochen.

Aufmerksamkeit und versuchen, sich gegenseitig mit Funktionen und Preis zu überbieten.

Das Gegenteil gilt für Märkte wie Lebensmittel, Gesundheitswesen usw. Wenn Sie krank werden, haben Sie nur zwei Möglichkeiten:

1. Das Gesundheitssystem nutzen
2. Das Risiko eingehen zu sterben / Sterben

Man kann nicht einfach sagen: "Äh, ich denke, ich warte auf die nächste Generation von Krebsmedikamenten", oder "Dieser Bypass ist ein wenig teuer, ich kaufe ihn nächstes Jahr."
Da es im Gesundheitswesen um Leben und Tod geht, kann der freie Markt nicht funktionieren. Die Verbraucher haben kaum eine Wahl, wann oder ob sie medizinische Dienstleistungen und Produkte in Anspruch nehmen. Das kippt das Marktgleichgewicht von vornherein zu Gunsten der Pharmaindustrie.
Das Problem wird noch verschärft, wenn man Innovation und Patente ins Spiel bringt. Wenn eine Firma neue Medikamente entwickelt und patentiert, kontrolliert sie Sie, denn bedenken Sie, wenn Sie im Krankenhaus liegen, dem Tode nahe, haben Sie keine Wahl. Das gibt den Konzernen den Anreiz und die Möglichkeit, Profit zu machen, indem sie das neueste und profitabelste Medikament verkaufen und nicht das Medikament, das am besten für Sie ist.
Was die Situation im Gesundheitswesen noch schlimmer macht, ist, dass es kein leicht zugänglicher Markt ist. Die Zulassung von Medikamenten und Behandlungen ist teuer und kompliziert, sodass es für Start-ups extrem schwer

ist, in den Markt einzutreten, was zu einem natürlichen Oligopol führt und den Marktzugang und die Marktmacht so weit in Richtung Großunternehmen verschiebt, dass ein gesunder freier Markt so gut wie unmöglich ist.

Ok, vielleicht habe ich die Situation hier zu sehr vereinfacht.

In Wirklichkeit sind die Gesundheitsmärkte sowohl in den USA als auch in Deutschland eine Mischung aus freiem Marktkapitalismus und Wohlfahrtssozialismus.
Der Hauptunterschied ist der Umfang, in dem die Kosten sozialisiert werden und wie gut die Grundversorgung für die Armen ist.

Wie könnte eine demokratische Gesundheitsversorgung das besser machen?

Nehmen wir für einen Moment an, dass alle Pharmaunternehmen und Krankenhäuser in öffentlicher Hand sind.[25]

Jetzt haben Sie eine völlig andere Marktdynamik.
Zur Erinnerung: Der Fonds gehört nicht nur allen, er ist auch für die Finanzierung der Wohlfahrt für die schwächsten Mitglieder der Gesellschaft verantwortlich. Dies führt zu einer interessanten Rückkopplungsschleife, die ähnlich wie ein freier Markt funktioniert, jedoch ohne einige der Unwägbarkeiten.

---

[25] Bitte halten Sie Ihre Fragen zum Vorgehen noch für ein paar weitere Kapitel zurück.

Sind Sie dazu bereit, ein paar Szenarien zu vergleichen?

1. Was passiert, wenn die Medikamentenpreise steigen?
2. Wie beeinflusst die Wohlfahrt das System?
3. Ist Prävention lohnender als Behandlung?

Szenario 1
Wenn im heutigen Gesundheitssystem die Medikamentenpreise steigen, steigt der Gewinn für die Pharmaunternehmen. Die Kosten werden vom kranken Individuum getragen, was zu medizinischem Bankrott, Insulin-Rationierung und einer kürzeren Lebenserwartung für arme Menschen führt. Die andere Option ist die staatliche Versicherung, bei der die zusätzlichen Kosten sozialisiert werden, was im Wesentlichen bedeutet, dass die Mittelschicht dafür zahlt.

Im demokratischen Gesundheitssystem ist der erste Schritt derselbe, die Gewinne für die Pharmaunternehmen steigen. Was als nächstes passiert, ist jedoch ganz anders.
Beachten Sie, dass der Fonds sowohl die Pharmafirmen besitzt, die die Dividenden erwirtschaften, als auch das Wohlfahrtssystem, das für die öffentlichen Gesundheitskosten aufkommt.

Wie glauben Sie, wird dies die Preisdynamik beeinflussen?

Stellen Sie sich zwei Situationen vor. Ein Medikament, nennen wir es "Capitalisol", kostet 10 Dollar in der Herstellung (inklusive Forschungskosten etc.). Was passiert, wenn Sie:

1. Es für 20 Dollar verkaufen
2. Es für 100 Dollar verkaufen

Im ersten Fall erwirtschaftet das Medikament 10 Dollar Gewinn. Da wir alle Forschungskosten bereits eingerechnet haben, gehen die vollen 10 Dollar in die Dividende und damit in den Fonds. Das bedeutet, dass im Wesentlichen eine Dosis die Kosten für eine weitere Dosis des Medikaments in der Sozialversicherung decken kann.

Im zweiten Fall trägt eine Dosis 90 Dollar zur Dividende bei und kann nun 9 sozialisierte Dosen abdecken.

Szenario 2
Was sind die Auswirkungen auf Wohlfahrt und Sozialversicherung? Im Wesentlichen ist, wie oben zu sehen, ein höherer Preis eines Medikaments nicht mehr ein Gewinn für reiche Aktionäre, sondern eine Sozialisierung der Kosten – eine Person, die die Behandlung erhält, finanziert die Zahlung für andere Personen, die sich diese nicht leisten können.
Dies führt zu einer beeindruckenden selbstregulierenden Dynamik – je weniger Personen eine sozialisierte Gesundheitsversorgung benötigen, desto niedriger ist der Preis für ein Medikament.
Was wir hier geschaffen haben, ist ein System, das die Prinzipien des freien Marktes nutzt, aber anstatt die Gewinne einer Gruppe von Menschen gegen die Kosten für eine andere Gruppe von Menschen abzuwägen, regulieren wir jetzt direkt für die Wirtschaftlichkeit und die gleichstellenden Eigenschaften des Systems.

Wenn ein Unternehmen ein Medikament herstellt, das entweder billiger oder leistungsfähiger ist, wird dieses Medikament von den Selbstzahlerkunden, die sich die Behandlung leisten können, und von dem Fonds, der die sozialen Dienste kontrolliert, ausgewählt.

Szenario 3
Dies hat auch Auswirkungen auf die uralte Frage von Prävention versus Behandlung. Das heutige System begünstigt die Behandlung. Eine Pharmafirma kann die Forderungen ihrer Aktionäre nicht erfüllen, indem sie Fitnesskurse, Kochkurse und andere präventive Maßnahmen verkauft, wenn sie stattdessen 1.200 Dollar mit einer einzigen Dosis Chemotherapie-Medikamente verdienen kann.

Wie funktioniert diese Dynamik im demokratischen Gesundheitssystem?

Sagen wir, das Chemotherapie-Medikament, das 1.200 Dollar kostet, bringt 1.000 Dollar Gewinn. Eine Behandlung zur Krebsvorbeugung, die in 50% der Fälle wirksam ist, kostet 100 Dollar mit 50 Dollar Gewinn. Um dies weiter zu berechnen, nehmen wir an, dass es eine strikte Trennung zwischen Selbstzahlern und Sozialhilfeempfängern gibt und die Menschen 50/50 in die beiden Kategorien aufgeteilt werden.

Fall A – Selbstzahler bekommt Chemotherapie vs. Prävention
Wenn ein Selbstzahler eine Chemotherapie bekommt, zahlt er/sie 1.200 Dollar, und 1.000 Dollar landen im Fonds.

Bekommt er/sie eine Präventionsbehandlung, kostet das 100 Dollar und fünfzig Dollar landen im Fonds, aber in 50% der Fälle wird später noch eine Chemotherapie benötigt. Die durchschnittlichen Kosten sind also:

100 Dollar + 50%*1.200 Dollar = 700 Dollar

Es gibt einen klaren monetären Anreiz für jeden Selbstzahler, da die Kosten mit Prävention im Durchschnitt niedriger sind als die Kosten für die Chemotherapie. Der Fonds erwirtschaftet nun durchschnittlich 550 Dollar.

Fall B - Sozialhilfeempfänger erhält Chemotherapie vs. Prävention

Für einen Sozialhilfeempfänger sind die Berechnungen ähnlich, nur dass jetzt die Gewinne an den Fonds gehen, der auch die Behandlung bezahlt, sodass wir nur die Nettokosten der beiden Varianten betrachten müssen:

Das bedeutet, dass die Chemotherapie 200 Dollar pro Person kostet, während die Prävention im Durchschnitt kostet:

50 Dollar + 50%*200 Dollar = 150 Dollar

Es liegt also auf der Hand, dass der Fonds in diesem Fall die Vorbeugung gegenüber der Behandlung von Sozialhilfeempfängern stark fördern wird, weil damit durchschnittlich 50 Dollar pro Person eingespart werden.

Fall C - Wie summiert sich das Ganze?

Wir wissen nun, dass in unserem Beispiel sowohl die

einzelnen zahlenden Bürger als auch die Sozialhilfeempfänger einen wirtschaftlichen Vorteil haben, wenn sie Prävention erhalten. Aber gilt das auch auf nationaler Ebene?

Nehmen wir an, dass 1.000.000 Menschen pro Jahr ohne Prävention an Krebs erkranken und 500.000 mit Prävention.

Für die Behandlung bedeutet dies, dass der Fonds erwirtschaftet:

500.000 Selbstzahler * 1.000 Dollar = 500 Millionen Dollar

Und er gibt aus:

500.000 Sozialhilfeempfänger * 200 Dollar = 100 Millionen Dollar

Daraus ergibt sich ein Gewinn von 400 Millionen Dollar für den Fonds.

Für die Prävention sieht die Rechnung wie folgt aus:

500.000 Selbstzahler * 550 Millionen Dollar = 270 Millionen Dollar

500.000 Sozialhilfeempfänger * 150 Dollar = 75 Millionen Dollar

Daraus ergibt sich ein Gewinn von 195 Millionen Dollar.

Das ist doch ein interessantes Ergebnis, oder? Während die Kosten für die Wohlfahrt pro Person geringer sind, führt die Behandlung, wenn die Prävention weit verbreitet ist, zu mehr Gewinn für den Fonds und damit für die gesamte Gesellschaft.[26]

Aber was bedeutet das? Haben wir nichts gewonnen? Ist das System immer noch so kaputt, wie es heute ist?

Nun, das ist der interessante Teil an meinem Vorschlag. Da der Fonds zu hundert Prozent in öffentlicher Hand ist und demokratisch kontrolliert wird, hat er auch Zugang zu den genauen Daten aller Pharmaunternehmen. Die Gewinne und Kosten jeder Behandlung sind für jeden Aktionär des Fonds (also jeden Bürger) zugänglich. Dies gibt den Wissenschaftlern die Möglichkeit, die Ergebnisse einer Vielzahl von Szenarien zu modellieren und die Daten öffentlich zu teilen.[27] Mit den Daten können wir dann optimale Preise für Medikamente vorschlagen. Wir haben auch eine faktische Grundlage, um zu entscheiden, in welchen Fällen eine sozialisierte oder stark geförderte Prävention besser sein könnte als der derzeitige Ansatz "auf Symptome zu reagieren".

Außerdem zeigen die Daten die gesundheitlichen und gesellschaftlichen Kosten für eine bestimmte Krankheit

---

[26] Kein Wunder, denn das ist genau die Preisdynamik, die wir heute sehen.

[27] Im Vergleich zu heute, wo negative Befunde oft zurückgehalten werden, wenn es finanzielle Interessenkonflikte gibt.

auf und geben den Menschen die Möglichkeit, über ihre Schwerpunkte abzustimmen.

Das klingt sehr abstrakt, ich weiß. Wie wäre es also, dies im Zusammenhang mit dem obigen Beispiel zu diskutieren? Der Einfachheit halber lassen wir die zuvor erwähnte Dynamik der Medikamentenpreise usw. weg und nehmen an, dass nur die beiden beschriebenen Varianten zur Debatte stehen. Entweder bekommt jeder die Prävention oder niemand.

Um es noch einmal zu wiederholen, diese beiden Varianten sind:

Variante 1:
Jeder bekommt eine Chemotherapie. Eine Million Menschen erkranken jedes Jahr an Krebs, und der öffentliche Fonds macht 400 Millionen Gewinn, was umgerechnet auf ein Grundeinkommen bedeutet, dass jeder von der einen Million Patienten 400 Dollar mehr pro Jahr oder ein Grundeinkommen von 33,33 Dollar pro Monat bekommt.

Variante 2:
Alle bekommen die Vorsorge, 50% brauchen noch eine Chemotherapie und 0,5 Millionen erkranken pro Jahr an Krebs.
Der Fonds erwirtschaftet einen Gewinn von 195 Millionen, was ein Grundeinkommen von 195 Dollar pro Person und Jahr oder 16,25 Dollar pro Monat bedeutet.

Stellen Sie sich vor, Sie sind ein Bürger in dieser hypothetischen Gesellschaft. Sie haben die obigen

Szenarien in einem wissenschaftlichen Bericht gelesen und müssen nun abstimmen, welche Variante der Trust verfolgen und fördern soll.

Ziehen Sie es vor, 17 Dollar und 8 Cent mehr im Monat zu erhalten, aber zu dem Preis, dass sich Ihr Krebsrisiko verdoppelt und 500.000 Menschen effektiv dazu verurteilt werden, unter einer vermeidbaren Chemotherapie zu leiden?

Oder möchten Sie lieber drei Frappuccinos weniger im Monat konsumieren, dafür aber das Krebsrisiko halbieren und Tausende von Leben retten?

Ja, aber die Welt ist nicht immer so einfach.

Schon klar, schon klar. Aber das Prinzip ist berechtigt. Nur durch die Demokratisierung des Gesundheitssystems (und anderer grundlegender Versorgungsdienste) können wir jemals die Informationen erhalten, die notwendig sind, um Entscheidungen zu treffen, die gut für die Menschen und nicht gut für ein paar Aktionäre sind.

Wow, jetzt sind wir wirklich weit vom Thema dieses Kapitels abgeschweift. Sollte es hier nicht um die Globalisierung gehen?

Genau. Was hat das obige Beispiel mit Globalisierung zu tun?

Wir haben zuvor besprochen, dass der Fonds drei Pools hat: einen auf nationaler Ebene, einen auf kontinentaler Ebene (oder auf Ebene der Staatenunion) und einen auf globaler Ebene. Die Bürger haben in allen drei Pools eine Stimme.

Wir haben bereits allgemein diskutiert, wie dies den Menschen in reichen und armen Ländern gleichermaßen zugutekommt. Die Frage, die bleibt, ist:

Wie können wir die Moral und die kapitalistischen Prinzipien verbessern?

"Die moralische Rechtfertigung des Kapitalismus liegt nicht in der selbstlosen Behauptung, dass er die beste Möglichkeit darstellt, "das Gemeinwohl" zu verwirklichen. Es ist wahr, dass der Kapitalismus das tut – wenn dieses Schlagwort irgendeine Bedeutung hat -, aber das ist lediglich eine Nebenerscheinung. Die moralische Rechtfertigung des Kapitalismus liegt in der Tatsache, dass er das einzige System ist, das mit der rationalen Natur des Menschen übereinstimmt, dass er das Überleben des Menschen als Mensch schützt und dass sein vorherrschendes Prinzip ist: Gerechtigkeit."

Ayn Rand –

Kapitel 13 - Moral und Kapitalismus

Bitte lesen Sie das Zitat auf der linken Seite. Lesen Sie es noch einmal. Lesen Sie es dreimal. Fällt Ihnen etwas Merkwürdiges auf?
Zerlegen wir dieses Zitat, denn es ist ein gutes Beispiel für die Denkweise und hybride Einstellung vieler meiner Mit-Kapitalisten.

"Die moralische Rechtfertigung des Kapitalismus liegt nicht in der selbstlosen Behauptung, dass er die beste Möglichkeit darstellt, "das Gemeinwohl" zu verwirklichen."
Dies ist ein Oxymoron, eine in sich widersprüchliche Aussage. Es kann in jedem Land nur ein Wirtschaftssystem geben, da es per Definition das Einzige, was man moralisch tun kann, ist, das System zu wählen, das das Gemeinwohl am besten fördert, muss das Wirtschaftssystem, das man wählt, das Gemeinwohl am besten fördern. Das heißt, entweder ist der Kapitalismus der beste Weg, das Gemeinwohl zu erreichen und damit der moralische Weg, oder er ist es nicht und damit unmoralisch. Man kann nicht beides haben.

Rand versucht, ihren Widerspruch zu relativieren, indem sie hinzufügt:
"Es ist wahr, dass der Kapitalismus das tut - wenn dieses Schlagwort irgendeine Bedeutung hat -, aber das ist lediglich eine Nebenerscheinung."

Ich hoffe inständig, dass sie einen Scherz gemacht hat, als sie diesen Satz schrieb, auch wenn es unwahrscheinlich erscheint. Wenn eine Welt mit unglaublichem Leid, sowohl für Milliarden armer Menschen als auch für Milliarden von Tieren, mit katastrophaler Umweltverschmutzung, Abholzung, Wüstenbildung und Klimawandel usw. das Beste ist, was wir tun können, dann haben wir als Menschen versagt und verdienen es, in der "Hoffnung, dass es irgendwo da draußen im Weltall intelligentes Leben gibt", auszusterben.

Oder vielleicht meint sie es ernst, ist aber eine von der Sorte "es gibt keinen ECHTEN Kapitalismus" der Liberalisten?

Egal, welche dieser Möglichkeiten zutrifft, zum Glück können wir es besser machen als den heutigen Kapitalismus, indem wir den Kapitalismus verbessern und sorgfältig abwägen, wann wir den freien Markt nutzen und wann nicht.

Wie das Sprichwort sagt:

"Wenn man nur einen Hammer hat, sieht alles wie ein Nagel aus."

Stecken wir uns also ein paar mehr Werkzeuge in den Gürtel? Einverstanden?

"Die moralische Rechtfertigung des Kapitalismus liegt in der Tatsache, dass er das einzige System ist, das mit der rationalen Natur des Menschen

übereinstimmt."
Dieser Satz könnte direkt aus einem marxistischen Utopieroman stammen.

"Die rationale Natur des Menschen"

Welche Beweise haben Sie dafür, dass der Mensch rational ist?

Ist es nicht so, dass der Mensch sich immer wieder als zu 99% irrational und von Emotionen getrieben erweist? Ist es nicht so, dass diese Irrationalität genau der Grund ist, warum der Kommunismus gescheitert ist?
Wenn die Menschen zu 100% rationale Akteure wären, bräuchten wir keine Wirtschaft; wir würden alle in einer kommunistischen, selbstlosen Utopie leben.

Es ist für mich oft lustig, wie viele Ökonomen den Kommunismus beschuldigen, mit den menschlichen Fehlern und der Natur unvereinbar zu sein, nur um sich dann umzudrehen und diese Tatsache zur Verteidigung des Kapitalismus zu leugnen.

"... dass er das Überleben des Menschen als Mensch schützt"
Diesen Satz auseinanderzunehmen, würde mindestens ein ganzes Buch für sich beanspruchen.[28] Er bezieht sich, kurz gesagt, darauf, dass der Mensch als Mensch mit seinen Tugenden, moralischen Werten und seiner Rationalität überlebt und sich nicht nur abrackert und bloß überlebt.

---

[28] Tatsächlich sind bereits mehrere geschrieben worden.

Dieser Satz, die Grundlage für Rands objektivistische Moralphilosophie, könnte leicht von jedem durchschnittlichen Utilitaristen oder von den meisten Neoliberalen stammen.

Für mich ist er der umstrittenste von allen Sätzen Rands, und ich habe vor, eines Tages ein Buch darüber zu schreiben, was eine "objektive" Moral wirklich wäre.

In diesem Buch werde ich mich auf wenige Sätze beschränken:

Die Behauptung, der Kapitalismus schütze das Überleben des Menschen als Mensch, beruht auf mehreren Missverständnissen. Das erste ist die Annahme, dass Menschen weitgehend vernünftig sind, obwohl wir das in Wirklichkeit nicht sind.

Das zweite ist, dass ein objektives, vernünftiges Verhalten mit Egoismus gleichzusetzen ist. In Wirklichkeit ist Selbstlosigkeit in vielen, wenn nicht sogar den meisten Fällen ein vollkommen vernünftiges Verhalten, weshalb es sich überhaupt erst entwickelt hat.[29]

Der dritte und schlimmste Fehler besteht darin, eine utopische Vorstellung von einem Laissez-faire-Kapitalismus auf die eigene Sicht der Gesellschaft zu projizieren.

---

[29] Ich empfehle Ihnen Richard Dawkins's *"The Selfish Gene"* zu lesen, falls Sie mehr über die Evolution des Altruismus erfahren wollen.

Wie ich schon mehrmals in diesem Buch gezeigt habe, neigen Liberalisten zu einer naiven Weltsicht. Wenn ein Marxist sagt: "Aber wir haben nie wirklich den WAHREN Marxismus ausprobiert", werden sie lachen und ihn einen utopischen Träumer nennen. Wenn sie dann mit den Problemen im heutigen Kapitalismus konfrontiert werden, sagen sie: "Oh, aber wir haben nie den WAHREN Kapitalismus ausprobiert." Es wäre lustig, wenn die realen Konsequenzen vieler politischer Führer, die diese heuchlerische Ansicht vertreten, nicht so traurig und schrecklich wären.

Wie ich in den vorangegangenen Kapiteln zu zeigen versucht habe, sind der Kapitalismus und der freie Markt nur dann hervorragende Werkzeuge, wenn sie auf die richtige Art und Weise, im richtigen Kontext und mit den richtigen Richtlinien angewendet werden.

"... und dass sein vorherrschendes Prinzip ist: Gerechtigkeit."
Oh, wie froh wäre ich, wenn dies der Fall wäre. Leider ist das bei den meisten kapitalistischen Systemen nicht der Fall. Was wir in unserer modernen Welt sehen, ist alles andere als gerecht. Die meisten Länder behandeln Minderheiten anders als die Mehrheit. In allen gibt es mit Sicherheit eine unterschiedliche Behandlung von Reichen gegenüber Armen vor dem Gesetz. Die Ultra-Reichen wählen sogar weitgehend aus, welche Gesetze sie in welchem Land befolgen.

Was oft wirklich gemeint ist, wenn Laissez-faire-Kapitalisten nach "Gerechtigkeit" rufen, ist "Eigentumsrechte über alles."

Historisch ging das so weit, dass bei der Befreiung von Sklaven die ehemaligen Sklavenhalter oft eine finanzielle Entschädigung für den Verlust des Sklaven erhielten. Manchmal bezahlt von den Steuerzahlern, manchmal mussten die armen Ex-Sklaven ihre ehemaligen Herren bezahlen.

Und wenn Sie glauben, dass sich dies auch nur ein bisschen geändert hat, dann irren Sie sich. Im Moment steht die Welt wegen des Klimawandels buchstäblich in Flammen, und genau die Unternehmen, die in den letzten Jahrzehnten von diesem Problem gewusst haben, Unternehmen, die den Klimawandel geleugnet und alles in ihrer Macht Stehende getan haben, um das Problem zu verschlimmern, werden jetzt großzügig dafür entschädigt, dass sie Kohlekraftwerke abschalten, die nicht einmal profitabel waren.

Nein, das ist kein gerechtes System. Eigentumsrechte werden oft über weit wichtigere Menschenrechte gestellt, und wenn es zu Konflikten kommt, schlägt das Eigentum eines reichen Mannes das Eigentum eines armen Mannes, wie man sehen kann, wenn historische Dörfer abgegraben werden, um an die Kohle darunter zu kommen, während die Bürger enteignet werden.

Man stelle sich nur den Aufschrei vor, wenn auf der anderen Seite Sozialwohnungen auf der Privatinsel eines Milliardärs gebaut würden.

Aber das ist die Schuld der korrupten Regierung. Wir sollten alles privatisieren.

Oh, wie ich dieses Argument heutzutage doch verabscheue. Ich kann es Ihnen nicht verdenken, wenn Sie so denken, ich habe es selbst eine Zeit lang getan.

Und während ich zustimme, dass Korruption ein wesentlicher Teil des Problems ist, glaube ich nicht, dass Privatisierung die Antwort ist.

Wie ich oben erklärt habe, kann man den freien Markt nicht auf Grundbedürfnisse loslassen. Das gilt vor allem für den Staat und die Polizei, die genau die Institutionen sind, die dafür sorgen sollen, dass der Markt funktioniert.

Nun werden viele Leute sagen, dass private Polizeikräfte und Justizsysteme effizient wären und dass der Wettbewerb sie anständig machen würde.

Wenn man sich die Geschichte anschaut, sieht die Sache jedoch anders aus. Es gab schon private Polizeikräfte und Justizsysteme. Das hat dazu geführt, dass im mittelalterlichen Frankreich die Reichen die Armen vor Gericht immer geschlagen haben und dass in den USA Pinkerton-Schergen das Rockefeller-Imperium aufgebaut haben. Die modernen Warlords in Afrika sind nichts anderes als Polizeikräfte und Regierungen des freien Marktes.

Nein, das ist keine gute Lösung. Wie können wir es besser machen?

"Quis custodiet ipsos custodes?"
(lat. Wer wacht über die Wächter?)
– **Juvenal**

Kapitel 14 – Ein wahrhaft demokratischer Staat

Wer wacht über die Wächter? Dieser Satz wird oft verwendet, um den Staat und die Polizei in Misskredit zu bringen. Und tatsächlich ist das eine wichtige Frage. Wenn niemand auf die Wächter aufpasst, können sie sich leicht über das Gesetz stellen.

Ein unerfreulicher Trend, der in vielen heutigen Nationen relativ verbreitet ist.

Von der Trump-Familie, die in aller Öffentlichkeit Verbrechen begeht und manchmal sogar damit prahlt, bis hin zu einem saudischen Prinzen, der angeblich den Mord an einem Journalisten in einer Botschaft angeordnet hat. Die Reichen und Mächtigen stehen oft über dem Gesetz oder müssen zumindest weitaus mehr tun als gewöhnliche Menschen, bevor sie zur Rechenschaft gezogen werden. Das führt zu zwei oder mehr abgestuften Rechtssystemen, wie für Schwarze und Weiße in den USA oder für Reiche und Arme in den meisten anderen Ländern.

Wie können wir dieses Problem lösen?

Ein Teil der Lösung ist bereits in der Gewaltenteilung implementiert. Die Exekutive, die Legislative und die Judikative sollen übereinander wachen und ihre Kräfte ausbalancieren.

Dieses Prinzip ist eine gute Idee, aber es muss noch gründlicher und umfassender umgesetzt werden.

Wenn Politiker entscheiden, wie viel und wie sie bezahlt werden oder schlimmer noch, wie sie mit Lobbyisten zusammenarbeiten können und wie schnell sie nach dem Amt in die Vorstände von Unternehmen wechseln können, sind die Kontrollmechanismen ausgehebelt.
Für solche Gesetze muss es einen eigenen Zweig der Legislative geben.
Im demokratischen Kapitalismus kann dies der Fonds selbst sein. Der Fonds hat einen demokratischen Entscheidungsprozess und die Befugnis, über die Staatsfinanzen zu entscheiden. Dies ist bereits die halbe Miete. Was er zusätzlich braucht, ist ein politisches Gremium, das Gesetze zur Überwachung der Regierung überprüft und verabschiedet. Auf der anderen Seite ist die Regierung für die Regulierung bestimmter Aspekte des Fonds verantwortlich.
Dieses Gleichgewicht herzustellen ist eine sehr heikle Aufgabe, vor allem die richtigen Grenzen der Macht zu finden, sodass die beiden Institutionen die Kernfunktionen der jeweils anderen nicht verändern oder blockieren, sich aber dennoch gegenseitig Rechenschaft ablegen können.
Das genaue Gleichgewicht der Befugnisse festzulegen, würde den Rahmen dieses Buches sprengen. Darüber sollte man sich viele Gedanken machen und wissenschaftlich forschen.

Und wer überwacht die Polizei und die Richter?

Wahrscheinlich muss es auch für diese getrennte Systeme geben. Im Grunde braucht man ein unbestechliches Backup. Das könnte einfach ein übergeordnetes Gerichtssystem auf internationaler Ebene sein. Oder spezielle Gerichte und Polizeieinheiten, die nur die Aufgabe haben, die Polizei, die Richter und die Politiker zu überprüfen. Das dürfen keine separaten Einheiten desselben Systems sein, wie die internen Ermittlungseinheiten heute, sondern ein völlig eigenständiges System.

Aber ist das nicht ein bisschen übertrieben?

Ich wünschte, ich hätte eine einfachere Lösung. Aber was wir in den letzten Jahren in vielen Ländern gesehen haben, zeigt, dass es notwendig ist.
Wenn die Hauptzweige, die mit dem Tagesgeschäft beschäftigt sind, sich selbst kontrollieren sollen, werden sie aus Kameradschaftsgeist die Probleme überspielen. So bekommen wir ungesühnte Polizistenmorde, korrupte Drehtür-Politiker und fundamentalistische Richter, die in der Hälfte der Fälle zugunsten ihres Glaubens und nicht des Gesetzes entscheiden.

Um eine unbestechliche Regierung weiter voranzubringen, schlage ich vor, dass wir die Rolle der Politiker anders angehen. Ich habe Ihnen bereits das Konzept der BVs vorgestellt. Diese haben den großen Vorteil, dass sie nach dem Zufallsprinzip quer durch die Bevölkerung ausgewählt werden, sodass man sie nicht durch Wahlkampfspenden in ihr Amt hieven kann. Sie dienen auch nur für eine Amtszeit, so dass sie nicht korrumpiert werden können, wenn sie zu lange an der Macht bleiben.

Wie Experimente mit BVs in Frankreich zeigen, bringt diese Art von Versammlung, wenn sie von unabhängigen Wissenschaftlern konsultiert wird, normalerweise viel ehrgeizigere politische Maßnahmen hervor und hört mehr auf die Wissenschaft.

Der Nachteil der BVs ist, dass sie aus juristischen Laien bestehen, sodass sie nicht wirklich eigenständig Gesetze schreiben können.

Im Demokratischen Kapitalismus schlage ich vor, dass zufällig ausgewählte Bürgerversammlungen mit repräsentativer Demokratie und direkter Demokratie kombiniert werden.

Die BVs schlagen den Inhalt neuer Gesetze vor. Diese Vorschläge werden dann von den gewählten Vertretern in Gesetzesvorlagen umgesetzt.
Diese unterscheiden sich jedoch stark von den heutigen Repräsentanten. Sie werden viel mehr mit Richtern als mit Politikern gemein haben. Um für das Amt zu kandidieren, wird ein Abschluss in Rechts- oder Politikwissenschaften (oder Wirtschaftswissenschaften, wenn sie für den Zweig des Fonds arbeiten) erforderlich sein, und für jeden Kandidaten werden eine Erfolgsbilanz und ein detaillierter Lebenslauf veröffentlicht.
Die Vertreter haben keine eigene Gesetzgebungsbefugnis. Ihre einzige Aufgabe wird es sein, die Gesetzgebung nach den Wünschen der BVs zu verfassen und sicherzustellen,

dass die Gesetzesentwürfe mit der Verfassung vereinbar sind.

Für jeden Gesetzesentwurf, den die BVs vorschlagen, werden mindestens drei Versionen erstellt, darunter die Empfehlung der BV, ein offensiverer und ein lockererer Vorschlag für das Gesetz.

Alle Wahlberechtigten wählen dann die Version, die ihnen am besten gefällt, in einer abgestuften Abstimmung über die Blockchain-Wahlsysteme.

Um die Demokratie weiter zu stabilisieren, erhalten die Repräsentanten Spitzengehälter, vielleicht zwei- oder dreimal so viel wie das Gehalt eines normalen Anwalts. Sie werden an den höchsten Standards gemessen und dürfen sich nicht mit Lobbyisten treffen.

Lobbyisten werden Zugang zu den BVs haben, aber jedes Treffen oder jede Präsentation von Lobbyisten wird aufgezeichnet und öffentlich gemacht werden müssen. Das Gleiche gilt für alle Debatten und Sitzungen, die die BVs abhalten. Dies garantiert maximale Transparenz.

Aber was ist mit geheimen oder militärischen Angelegenheiten?

Ich bin der festen Überzeugung, dass es in einer Demokratie nichts gibt, was geheim gehalten werden muss. Vielmehr entsteht großer Schaden durch unangemessene Geheimhaltung, insbesondere in der internationalen Diplomatie.

Die einzige Ausnahme ist das Militär.

Hier sehe ich die Notwendigkeit, einige Geheimnisse zu bewahren, wenn auch weitaus weniger als heute. Ich denke auch, dass ein Umdenken beim Militär angesagt ist. Hier in Deutschland waren wir nach dem Zweiten Weltkrieg gezwungen, eine reine Verteidigungspolitik zu betreiben.[30]

Eine solche Politik sollte der internationale Standard sein, und das Militär sollte entsprechend konzipiert sein.

Das heißt, jeder erwachsene Bürger sollte im bewaffneten Kampf ausgebildet werden, wie es zum Beispiel in der Schweiz praktiziert wird.[31] Mit diesem Konzept ist ein Land sehr schwer angreifbar, da die gesamte erwachsene Bevölkerung im Falle eines Angriffs schnell bewaffnet werden kann.

Zweitens sollte das Arsenal des sehr kleinen Berufsmilitärs ganz auf Präzisionsschläge ausgerichtet sein. Vielleicht erinnern Sie sich, wie Trump einen iranischen General durch einen Drohnenangriff töten ließ?

---

[30] Obwohl es mir schwerfällt, den Politikern zu glauben, dass wir uns in Afghanistan verteidigen.

[31] Vielleicht mit dem Unterschied, dass man seine Waffen nicht zu Hause aufbewahren sollte. Ich denke, der private Waffenbesitz kann und sollte fast vollständig verboten werden.

Stellen Sie sich eine Nation vor, die nach dem Grundsatz verfährt, dass sie im Falle eines bewaffneten Angriffs keine Zivilisten angreift oder einmarschiert, sondern die komplette Führung der Angreifer liquidiert.

Glauben Sie nicht, dass Politiker und Generäle zweimal über einen Krieg nachdenken würden?

Es ist leicht, einen Krieg zu beginnen, wenn man weiß, dass man weit von der Front entfernt ist.

Ja, das klingt schön, aber das ist eine lächerliche Utopie, die Sie da vorschlagen. Es gibt keine Möglichkeit, dass eine verfassungsgebende Versammlung stattfindet, wie Sie sagten, und dass ein solcher Staat angenommen wird.

Das stimmt. So großartig es auch wäre, wenn es tatsächlich dazu käme, fürchte ich, dass wir erst einmal klein anfangen und das System erproben müssen, bevor irgendeine Nation überhaupt in Erwägung ziehen würde, es anzuwenden.

Also, wie können wir die Veränderung einleiten?

"Mit Hartnäckigkeit höhlt ein Wassertropfen den Stein aus."
— **Choeriuls von Samos**

Kapitel 15 - Wie man die Welt auf den demokratischen Kapitalismus vorbereiten kann

Das Problem der meisten visionären Denker ist, dass sie, sobald sie von der Größe ihrer Idee überzeugt sind, kein Einfühlungsvermögen für Menschen aufbringen können, die diese Größe nicht sehen.

Das führt zu vielen Problemen, nicht zuletzt dazu, dass viele gute Ideen nie umgesetzt werden, weil sie nicht richtig vermittelt werden. Meine Hoffnung ist, dass dieses Buch Sie, lieber Leser, von der Größe und Notwendigkeit meiner Ideen überzeugen wird.

Ich bin mir jedoch bewusst, dass dies bei vielen nicht der Fall sein wird, zum einen, weil ich sie nicht anspreche, und zum anderen, weil meine Ideen sicherlich noch verbessert werden können. Im Gegensatz zu vielen, die eine große Vision haben, mache ich mir nicht die Illusion, dass ich perfekt oder unfehlbar bin. Also selbst wenn dieses Buch Sie überzeugt, betrachten Sie nicht alles, was ich sage, als goldwert. Ich will keine dogmatische Revolution anzetteln; ich will den Fortschritt ankurbeln. Machen Sie sich bitte Ihre eigenen Gedanken. Und denken Sie immer daran, dass sich viele Ideen, die auf dem Papier toll aussehen, in der Realität als unpraktisch oder schlichtweg als ungeeignet herausstellen. Sowohl die Arbeit von Marx als auch die von Hayek sind großartige Beispiele.

Die beiden Autoren hatten viele berechtigte Kritikpunkte an den Wirtschaftssystemen ihrer Zeit, schlugen aber neue Systeme vor, die sich als extrem ungeeignet erwiesen, als wir versuchten, sie tatsächlich umzusetzen.

Warum war das so?

Ein Grund ist die menschliche Natur. Egal wie intelligent und vernünftig ein Plan ist, denken Sie immer daran, dass Menschen in 90 bis 99 % der Zeit nicht vollkommen vernünftig oder sehr intelligent handeln.
Der zweite Grund ist die praktische Natur. Man kann die Gesellschaft nicht einfach umkrempeln und bei null anfangen; man muss vorsichtig umstellen.
Was vor hundert Jahren funktioniert hat, funktioniert heute nicht unbedingt wieder, und dasselbe gilt für die Lösungen vom letzten Jahrzehnt, vom letzten Jahr oder sogar von gestern.
Gesellschaften ändern sich, unsere Werte ändern sich, und die Umstände ändern sich. Und das ist eine gute Sache, wenn wir sie akzeptieren und mitspielen.
Beklagen Sie niemals die Karten, die man Ihnen ausgeteilt hat, sondern spielen Sie sie, so gut Sie können. Und wenn das nicht gelingt, ändern Sie das Spiel, das Sie spielen.

Ich weiß, das klingt wie eine Binsenweisheit, aber man lernt nicht, wenn man nicht scheitert.

Unsere Gesetze und gesellschaftlichen Normen werden immer so angelegt, als wären sie perfekt und für die Ewigkeit gedacht.

Wie viel besser wäre es, wenn wir sie so anlegen würden, als wären sie nur Prototypen, die wir morgen verbessern werden?

Was? Stimmen Sie mir nicht zu? Denken Sie, dass unsere Normen, Werte und Traditionen bewahrt werden müssen?

Denken Sie an die Welt, in der Ihre Eltern, Großeltern und Urgroßeltern lebten. In nur drei Generationen hat sich unglaublich viel verändert.
Je nachdem, wie alt Sie sind, haben Ihre Urgroßeltern vielleicht in einer Welt mit Sklaverei gelebt. Ihre Eltern und Großeltern lebten in einer Welt, in der Sexismus und Rassismus gesellschaftsfähig waren.

Glauben Sie nicht, dass unsere Kinder und Enkelkinder das Gleiche über unsere Normen denken werden? Glauben Sie nicht, dass sie den Kopf über eine Gesellschaft, die ihren eigenen Lebensraum und ihre Lebensgrundlage im globalen Maßstab zerstört, mit der gleichen Abscheu und Ungläubigkeit schütteln werden, die wir auf Sklavenhalter anwenden?

Nehmen Sie lieber die Tatsache an, dass keiner von uns perfekt ist und dass die Menschen als Gesellschaft eine schreckliche Spezies sind. Verzweifeln Sie aber nicht; wir können es besser machen.
Wir mögen unsere Höhen und Tiefen gehabt haben, aber der allgemeine Trend unseres Moralsystems und unserer Gesellschaft geht seit Jahrtausenden nach oben.

Also, wo sollten wir anfangen?

Ich schlage vor, dass wir klein anfangen. So sehr ich auch hoffe, dass wir international und mit großen Ansprüchen zusammenkommen können, fürchte ich, dass das nicht der Fall sein wird.
Und obwohl das beängstigend ist, bin ich der festen Überzeugung, dass noch nicht alles verloren ist und dass wir, auch wenn wir klein anfangen und langsam und stetig arbeiten, diese Spezies und das vielfältige Leben auf diesem Planeten noch retten können.

Was mir diese Hoffnung gibt, ist, dass ich, wenn ich mich umschaue, bereits viele Menschen sehe, die die Notwendigkeit einer Veränderung erkennen. Viele haben den Wandel sogar schon begonnen.

Warum nutzen wir also nicht das, was sie aufbauen, als Ausgangspunkt, lernen von ihnen und bauen es in den Demokratischen Kapitalismus ein?
Zwei gute Ansätze, denen ich begegnet bin und die bereits umgesetzt werden, sind:

1. Gemeinwohl-Ökonomie und Gemeinwohl-Bilanzierung[32]
2. Purpose Companies

---

[32] Siehe *"Die Gemeinwohl Ökonomie"* von Christian Felber

3. Another Now[33]

Das erste ist ein Konzept von Christian Felber, der behauptet, dass das derzeitige Buchhaltungssystem keine geeignete Messung des Wirtschaftswachstums darstellt, weil es nur das BIP misst.
Ich muss vielen seiner Punkte zustimmen, insbesondere, dass wir mehr als nur die reinen Geldwerte berücksichtigen müssen, wenn wir unseren Fortschritt messen.

Felber hat ein Buchhaltungssystem entwickelt, das versucht, Aspekte wie "Gemeinwohl", "Umwelt" usw. in die Buchhaltung einzubeziehen.
Bis heute gibt es bereits einige Unternehmen und Banken, die dieses Prinzip übernommen haben.

Ich habe mein ganzes Leben lang die deutsche Sparda-Bank genutzt, seit meine Eltern für mich ein Konto bei ihr eingerichtet haben, als ich noch ein Kleinkind war.
Zu meiner Freude ist die Sparda-Bank eine der Banken, die das Felber-Buchhaltungssystem verwenden.

Das ist also definitiv kein Nischentraum mehr.

Wie können wir das für den demokratischen Kapitalismus

---

[33] Zum Zeitpunkt der Erstellung dieses Kapitels hatte Yanis Varoufakis *Another Now* noch nicht veröffentlicht. Ich gehe darauf in einem späteren Kapitel ein. Bitte sehen Sie sich alle meine Kritiken an den Sozialisten im Lichte der Tatsache an, dass Yanis mich bei der Veröffentlichung mit einigen sehr ähnlichen Ideen geschlagen hat.

nutzen?

Zunächst möchte ich anmerken, dass ich nicht glaube, dass das Gemeinwohl-Buchhaltungssystem schon perfekt ist, aber es ist definitiv ein besseres System als das derzeitige "Nur-BIP"-System, um Fortschritt zu messen.

Da Banken und Unternehmen, die diese Prinzipien anwenden, bereits die richtige Einstellung haben, denke ich, dass sie relativ leicht von den Prinzipien des Demokratischen Kapitalismus überzeugt werden können.

Das Gleiche gilt für Purpose Unternehmen. Diese Unternehmen sind oft schon an eine Stiftung oder einen Fonds übergeben worden und/oder werden von den Mitarbeitern demokratisch geführt.
Wenn sie vom Demokratischen Kapitalismus überzeugt werden können, könnten sie sich den Bemühungen anschließen.

Der erste Schritt, um den Demokratischen Kapitalismus zu verwirklichen, ist die Schaffung eines Netzwerks von Gleichgesinnten. Der Anfang dieses Prozesses ist dieses Buch.

Der nächste Schritt sind: SIE

Wenn dieses Buch Sie davon überzeugt, dass der Demokratische Kapitalismus der richtige Weg ist, erzählen Sie bitte anderen davon.

Doch wie genau könnten die ersten kleinen Schritte aussehen?

"Wir sind, was wir wiederholt tun. Exzellenz ist also kein Vorgang, sondern eine Gewohnheit."
— **Aristotle**

Kapitel 17 - Kleine Schritte

Der erste Schritt ist der schwerste. Wenn Sie nach der Lektüre dieses Buches für den Demokratischen Kapitalismus brennen, können Sie den entscheidenden Schritt machen.

Aber wo soll man anfangen?

Wenn Sie Unternehmer sind, können Sie Ihr Unternehmen in ein demokratisches Unternehmen verwandeln.
Wenn Sie (noch) kein Unternehmer sind, versuchen Sie, Unternehmen und Kommunen in Ihrer Nähe zu beeinflussen.
Halten Sie Ausschau nach kleinen oder mittelgroßen Unternehmen, die entweder bereits die Grundsätze der Gemeinwohlbilanzierung anwenden oder in Erwägung ziehen, Purpose Unternehmen zu werden. Vielleicht kennen Sie einen Unternehmensleiter, der darüber nachdenkt, die Welt zu verbessern, oder der gerade dabei ist, sein Unternehmen in eine Stiftung umzuwandeln.

Ein weiterer Ansatzpunkt kann Ihre kommunale Politik sein. Sie können entweder selbst für ein Amt kandidieren oder mit Leuten sprechen, die im Amt sind.

Um das Konzept des Demokratischen Kapitalismus zu beweisen und zu einem Punkt zu kommen, an dem es wirklich als Teil der nationalen und internationalen

Verfassungen angenommen wird, brauchen wir viele kleine Experimente und Probeläufe der Ideen.

Wie können diese aussehen?

Zum Beispiel kann ein Familienunternehmen einen Deal mit den Kommunen aushandeln. Das ist relativ einfach für den deutschen Mittelstand, das sind oft Unternehmen mit 100 bis 500 Mitarbeitern, die in relativ abgelegenen Landkreisen die örtliche Wirtschaft manchmal komplett dominieren.

Solche Unternehmen können ihren Kommunen große Vorteile bieten.

Sie können zum Beispiel anbieten, ihre Unternehmen in eine Stiftung umzuwandeln und beispielsweise ein Drittel der Gewinne an die Mitarbeiter und ein Drittel an die lokale Regierung auszuzahlen.
Im Gegenzug verbilligen oder streichen die örtlichen Behörden alle Unternehmenssteuern (solange sie unter ihrer Kontrolle stehen) und helfen dem Unternehmen, indem sie das Geld zum Ausbau der örtlichen Infrastruktur und zum Bau von erschwinglichem Wohnraum für die Gemeinde verwenden.

Wenn viele solche Partnerschaften zwischen Kommunen und Landkreisen erfolgreich funktionieren, wird irgendwann die Aufmerksamkeit für das Konzept groß genug, um eine öffentliche Debatte und Gesetzgebung anzuregen.

Nun ist ein wichtiger Punkt, der mir von einigen meiner liberalen Freunde eingehämmert wurde, dass der Übergang ohne Gewalt oder Zwang erfolgen sollte, weil sie in diesem Fall gegen diesen Übergang wären, auch wenn sie ihn sonst unterstützen würden. Und da haben sie Recht.

Wie können wir also den Übergang nur für diejenigen machen, die dazu bereit sind, und wie können wir die Skeptiker auf lange Sicht überzeugen?

Sobald der demokratische Kapitalismus genug Unterstützung und Aufmerksamkeit hat, um eine günstige Gesetzgebung durchzusetzen, können wir den nationalen Fonds einführen.

Der Deal wäre, dass Unternehmen und ihre Mitarbeiter, die dem Fonds beitreten, keine Einkommens- oder Unternehmenssteuern mehr zahlen müssen. Für Unternehmen, die nicht wechseln, bleibt das alte Steuerrecht gültig.

Was bedeutet also "Beitritt zum Fonds"?

Um dem Fonds beizutreten, gibt ein Unternehmen neue Aktien aus, die unverkäuflich sind und in den Besitz des Fonds übergehen. Der Anteil des Stimmrechts, der an den Fonds abgetreten wird, sollte vom Unternehmen selbst bestimmt werden, aber es sollten bestimmte Schwellenwerte gesetzlich festgelegt werden, die erreicht werden müssen, damit ein Unternehmen den vollen Steuervorteil erhält und in der Lage ist, günstige Kredite vom Fonds zu bekommen.

Während Ökonomen und die Demokratie bestimmen müssen, wo diese Schwellenwerte liegen sollten, denke ich, je größer das Unternehmen ist, desto höher sollte der Schwellenwert sein.

Ein Familienunternehmen, das gerade so über die Runden kommt, sollte nicht auf einen Teil seiner Einnahmen verzichten müssen, um vom Fonds zu profitieren.
Ein riesiger Konzern mit "too big to fail"-Status hingegen sollte wahrscheinlich mindestens zu 50%, besser zu 100%, demokratisch geführt werden.

Auch sollten Unternehmen, die bereits Stimmrechte für Mitarbeiter eingeführt haben, anders behandelt werden. Nehmen wir an, ein Unternehmen hat normalerweise eine Schwelle von 50%, aber es lässt Mitarbeiter Aktien besitzen und abstimmen.
In diesem Fall wäre z. B. ein gutes Geschäft:
- Bis zu 1/3 der Aktien sind im Besitz der normalen Aktionäre (über die Börse verkaufbar)
- 1/3 der Aktien sind im Besitz des Fonds (unverkäuflich)
- 1/3 der Aktien sind im Besitz der Mitarbeiter (unverkäuflich)

Die letztgenannte Art von Aktien wäre nicht nur unverkäuflich, sondern solche Aktien würden immer dann entstehen, wenn ein Mitarbeiter in das Unternehmen eintritt. Wenn der Mitarbeiter das Unternehmen verlässt, werden die Aktien vernichtet.

Aber warum sollten Unternehmen und Aktionäre dem zustimmen? Geben sie nicht einen großen Teil ihres Reichtums und ihrer Macht auf?

Meiner Meinung nach ist dies die Schlüsselfrage und das größte Potenzial für Missverständnisse.

Unternehmen geben ständig neue Aktien aus.

Es stimmt, dass dies die Macht jedes Aktionärs verwässert und effektiv einen Teil des Eigentums, das jeder Aktionär hat, "wegnimmt".

Trotzdem stimmen die Aktionäre oft dem Druck dieser Aktien zu.

Warum?

Weil sie erwarten, dass das Geld, das durch die neu geschaffenen Aktien eingenommen wird, in das Wachstum des Unternehmens investiert wird.
Im Wesentlichen lautet der Deal also:
Mein Anteil am Kuchen wird kleiner, während der Gesamtkuchen wächst, also stimme ich zu, weil ich erwarte, dass ich am Ende immer noch ein größeres Stück Kuchen habe.

Das kann man oft an den Aktienkursen nach einer Kapitalerhöhung sehen.
Normalerweise fällt der Kurs direkt vor und nach der Ausgabe neuer Aktien und dann, innerhalb von Tagen oder sogar Stunden, erholen sich die Aktienkurse und sind nach der Kapitalerhöhung oft höher als vorher.

Ich erwarte, dass dasselbe passiert, nachdem ein Unternehmen dem Fonds beigetreten ist.

Moment mal, der Beitritt zum Trust führt zu keiner Kapitalerhöhung, warum sollten dann die Aktienkurse nicht sinken?

Nun, das ist das Schöne am demokratischen Kapitalismus. Die neu geschaffenen Aktien sind unverkäuflich, sie kommen also nicht in den Umlauf. Auch wenn es stimmt, dass es keinen direkten monetären Nutzen für ein Unternehmen gibt, so gibt es doch einen verzögerten Nutzen dadurch, dass es keine Steuern mehr zahlen muss. Und da auch die Mitarbeiter keine Steuern zahlen müssen, können Unternehmen auch hier sparen.
Derzeit bekommt ein Arbeitnehmer der Mittelschicht in Deutschland nur etwa die Hälfte seines Gehalts auf sein Konto überwiesen, nachdem Steuern und Sozialabgaben abgezogen wurden.
Zusätzlich muss der Arbeitgeber Versicherungen und Sozialabgaben bezahlen, die auf dem Gehaltsscheck gar nicht auftauchen.
Wenn der Fonds für all diese Sozialversicherungen aufkommt, bekommt der Arbeitnehmer plötzlich fast das doppelte Nettogehalt. Und das alles, während der Arbeitgeber weniger zahlt.

Darüber hinaus wird das vom Fonds bezahlte Grundeinkommen den Bedarf an verschiedenen sozialen Sicherheiten, wie z.B. Arbeitslosengeld, stark reduzieren.

Heutzutage geben viele Länder fast so viel oder sogar mehr für die Untersuchung und Bestrafung von Sozialversicherungsbetrug aus, als sie z.B. für die Arbeitslosenunterstützung selbst aufwenden.

Das bedeutet, dass ein auf einem Grundeinkommen basierendes System billiger ist als das derzeitige System, was zu einer positiven Rückkopplungsschleife führt.

Weniger Menschen brauchen Geld für die Sozialversicherung, wodurch mehr Geld für das Grundeinkommen übrigbleibt; ein höheres Grundeinkommen bedeutet, dass weniger Menschen Geld für die Sozialversicherung brauchen, wodurch mehr Geld für das Grundeinkommen übrigbleibt, und so weiter...

Das andere Gegenargument zum Fonds wäre das der Kontrolle.

Warum sollten Aktionäre oder Gründer einen Teil ihrer Kontrolle an den demokratischen Fonds abgeben?

Nun, die Antwort darauf ist zweifach. Einer ist ein prinzipieller Grund. Wenn Sie an die Demokratie glauben, sollten Sie sich für mehr Demokratie einsetzen.

Für diejenigen, die nicht so sehr an die Demokratie glauben, ist die Kehrseite des Arguments, dass man nicht wirklich die Kontrolle aufgibt.

Im Moment sind "Wir, das Volk" bereits der Souverän. Wenn Wir Ihr Unternehmen regulieren wollen, können Wir das tun. Der Fonds ändert nur die Art und Weise, wie der Souverän mit Unternehmen umgeht; es gibt keine wirkliche Veränderung in der Machtdynamik.

Eigentlich ist es genau das Gegenteil. Der Fonds bietet viel mehr Kontrolle für die Führung und die Aktionäre eines Unternehmens.
Heute müssen sie durch Lobbyisten und zwielichtige Geschäfte gehen, um die Gesetze zu bekommen, die sie brauchen. Und Unternehmen sind immer in Gefahr, dass eine neue Regierung alle Entscheidungen der letzten Regierung umstößt.

Beim Fonds bleiben die Anteilseigner im Laufe der Zeit weitgehend dieselben, weil jeder Mensch sein ganzes Erwachsenenleben lang Wähler ist, im Gegensatz zu Ministern, die alle paar Jahre wechseln, oder kurzfristigen Investoren, die in Sekundenbruchteilen kaufen und verkaufen.
Dies führt zu einem viel stabileren Abstimmungsverhalten der Politik und der Aktionäre.
Außerdem haben die Aktionäre und Gründer immer noch eine offizielle Stimme in Angelegenheiten, die ihr Unternehmen betreffen, und zwar eine, die mehr zählt als die eines einzelnen Wählers, so dass sie rechtlich ein großes Privileg haben, das ihnen derzeit fehlt.[34]
Darüber hinaus sind die Wähler nun auch Anteilseigner des Unternehmens und haben somit ein Interesse am Wohlergehen des Unternehmens.

---

[34] Obwohl einige argumentieren könnten, dass die größten Konzerne mit ihren Lobbyisten die Gesetzgebung bereits ziemlich stark diktieren.

Wie könnte sich dies in der realen Welt abspielen?

Schauen wir uns das Beispiel der Berliner Gigafactory von Tesla an. Die Bevölkerung in den umliegenden Städten war ziemlich gespalten, ob sie den Bau der Fabrik gutheißt, und viele waren stark gegen den Bau und klagten sogar dagegen.

Es wurden fadenscheinige Gründe vorgebracht, wie z. B. einen Wald retten zu wollen, der in Wirklichkeit eine mit Quecksilber und alten Bomben aus dem Zweiten Weltkrieg verseuchte Kiefern- und Fichtenmonokultur war, die drei Jahrzehnte lang niemand zu kaufen gewagt hatte.

Und der Widerstand ist verständlich. Wenn Sie keine Tesla-Aktien besitzen oder vorhaben, in der Fabrik zu arbeiten, hat der Bau viele Nachteile für Sie.

Vielleicht sind Sie besorgt über Umweltverschmutzung, Lärmbelästigung oder steigende Immobilienpreise in Ihrer Nachbarschaft. Es gibt viele Gründe, warum Sie sich gegen den Bau aussprechen können.
Eigentlich ist es wahrscheinlich sogar das Vernünftigste, was Sie tun können. Schließlich ist der persönliche Nutzen, den Sie aus erhöhten Grundsteuern etc. ziehen, vernachlässigbar im Vergleich zu den möglichen Risiken, wie z. B. dass sich Ihre Kinder kein Haus mehr leisten können.

Diese Situation wäre im demokratischen Kapitalismus völlig anders.

Erstens wären Sie direkt an den Gewinnen beteiligt, die durch die neue Fabrik entstehen.
Zweitens würde das Land nicht verkauft, sondern nur vermietet, wobei Sie effektiv einer der Vermieter wären.
Mit dem doppelten Stimmrecht, sowohl als Aktionär als auch als Teilvermieter, haben Sie also die Kontrolle über den neuen Nachbarn.
Wenn sie Ihre Luft verschmutzen und eine Menge Lärm machen, können Sie abstimmen, um sie vom Grundstück zu entfernen oder helfen, eine Resolution zu verabschieden, die sie zwingt, sich als bessere Nachbarn zu verhalten.

Mit dem Blockchain-Abstimmungssystem gibt es auch einen direkteren Kommunikationskanal, bei dem Sie den Unternehmen Feedback geben können und diese Sie nach Ihrer Meinung fragen können. Und im Gegensatz zu heute müssen die Unternehmen auf Ihre Bedenken und Meinungen hören, da Sie schließlich ein Aktionär sind.

Kurzum, beide Seiten profitieren.

Die Menschen haben mehr Mitspracherecht bei dem, was in ihrer Nachbarschaft passiert und profitieren direkt vom Wirtschaftswachstum, während die Unternehmen mehr Planungssicherheit und bessere Möglichkeiten haben, mit Stakeholdern und Kunden zu kommunizieren.

Klingt zu schön, um wahr zu sein...

Wieder kann ich an dieser Stelle fast einige meiner Freunde in meinem Kopf schreien hören.

"Mit diesem Grundeinkommen werden die Leute nicht mehr arbeiten."
"Das wird die Leistungsgesellschaft zerstören und Abzocker belohnen".
usw. usw. usw.

Zerstört ein Grundeinkommen wirklich die Motivation zu arbeiten?

Betrachten wir das einmal näher.

"In einer Welt des wahren Überflusses sollten Sie nicht arbeiten müssen, um Ihr Leben zu rechtfertigen."
— **Sam Harris**

Kapitel 18 - Belohnen Sie die Schmarotzer

Der Plan für dieses Kapitel war ursprünglich, es mit einer gründlichen Übersicht über internationale Experimente mit dem Grundeinkommen und den dazu durchgeführten wissenschaftlichen Untersuchungen zu beginnen.
Leider muss ich Ihnen mitteilen, dass die Daten größtenteils wertlos sind.
Während viele Experimente mit guten Absichten begannen, haben fast alle bisherigen Experimente mit dem Grundeinkommen aus verschiedenen Gründen (vor allem aus Kostengründen) Designfehler, die ihre Daten praktisch unbrauchbar machen.
Entweder war die Gruppe der Menschen im Experiment zu klein, um signifikant zu sein, oder die Gruppe war nicht repräsentativ, was bedeutet, dass z.B. nur arbeitslose Menschen in das Experiment aufgenommen wurden.

Der Sinn eines universellen Grundeinkommens ist, nun ja, Universalität. Man kann ein Grundeinkommen nicht testen, ohne es allen Menschen in der Testregion/dem Testland zu geben.

Glücklicherweise findet in Alaska ein ungewolltes Experiment zum Grundeinkommen statt.

Seit vielen Jahren gibt es in Alaska den Alaska Permanent Fund, der einen Teil der Öleinnahmen besitzt und eine regelmäßige Dividende an alle Bürger Alaskas zahlt.

Dies stellt im Wesentlichen ein Grundeinkommen dar. Und wir haben sogar noch mehr Glück, denn es gibt Untersuchungen von Damon Jones und Ioana Marinescu, die feststellen, dass "[...] die Dividende keinen Effekt auf die Beschäftigung hatte und die Teilzeitarbeit um 1,8 Prozentpunkte erhöhte [...]".[35]

Die Angst, dass die Menschen aufhören zu arbeiten, wenn ein Grundeinkommen eingeführt wird, ist also wahrscheinlich unbegründet.

Aber was ist mit all den Schmarotzern? Bezahlen die hart arbeitenden Menschen nicht für die Faulen?

Ich sage es Ihnen nur ungern, aber Sie zahlen bereits für die Faulen. Der Unterschied liegt, wie bereits erwähnt, in den Gesamtkosten für die Schmarotzer.
Die Faulen zu jagen und zu versuchen, sie zur Arbeit zu zwingen, kostet oft mehr, als sie einfach zu bezahlen. Außerdem, warum wollen Sie überhaupt, dass sie arbeiten?

Diejenigen, die nicht arbeiten wollen, sind furchtbare Mitarbeiter, die das Unternehmen oft mehr kosten als der generierte Wert.

Aber Fairness...

---

[35] "The Labor Market Impacts of Universal and Permanent Cash Transfers: Evidence from the Alaska Permanent Fund" 2019 by Damon Jones, Ioana Marinescu

Nun, sehen wir es mal andersherum. Ist es fair, jeden zu zwingen, am Arbeitsmarkt teilzunehmen?

Wir leben in einer Welt des absoluten Überflusses. Wir produzieren mehr Lebensmittel als die Bevölkerung braucht und werfen jedes Jahr Tonnen weg.

Wenn wir weniger gierig wären, könnte die menschliche Bevölkerung nur halb so viel arbeiten wie derzeit, und wir könnten alle immer noch ein angenehmes Leben führen. Mit der Automatisierung ist die Menge an Arbeit, die zur Befriedigung der Grundbedürfnisse der Menschheit notwendig ist, in den letzten Jahrzehnten stetig gesunken und wird dies auch weiterhin tun.

Es müssen nicht alle Menschen arbeiten, warum sollten wir es also anstreben?

Ein weiterer wichtiger Punkt wurde in einem früheren Kapitel erwähnt. Nicht alles kann oder sollte durch den freien Markt reguliert werden.

Es gibt viele Jobs, die ein freier Markt nicht adäquat bezahlen kann, wie z.B. Eltern, die Kinder erziehen, Freiwillige, die sich um ältere Menschen kümmern, und so weiter...

Mit einem Grundeinkommen geben Sie Menschen die Chance, uneigennützige Arbeit zu leisten, ohne dass sie ständig bei Spendern um Geld betteln müssen. Und Sie geben Eltern die Chance, sich mehr Zeit für ihre Kinder zu nehmen, was zu gesünderen, glücklicheren Kindern führt, die eine bessere Arbeitskraft für morgen schaffen.

Das Grundeinkommen hilft auch dem Arbeitsmarkt, besser zu funktionieren.

Im Moment funktioniert der Arbeitsmarkt schlecht, weil es ein unüberbrückbares Machtgefälle gibt.
Arbeitnehmer können sich nicht aussuchen, ob sie arbeiten oder nicht arbeiten; sie müssen arbeiten, um zu überleben.
Wie im Fall von Lebensmitteln oder der Gesundheitsversorgung ist dieser Zwang ein Showstopper für einen wirklich freien Markt.

Wenn Menschen nicht mehr arbeiten MÜSSEN und sogar eine niedrigere Einstiegshürde haben, um sich selbstständig zu machen oder ein Unternehmen zu gründen, haben sie eine viel bessere Position bei Lohnverhandlungen.
Zusammenfassend lässt sich sagen, dass wir zwar nicht genug Daten haben, um definitiv zu sagen, ob das Grundeinkommen wie beabsichtigt funktioniert, aber wir haben genug Daten, um die meisten der Gegenargumente auszuschließen.

Wir kennen zudem genug Vorteile eines Grundeinkommens, sodass wir es zumindest in großem Maßstab ausprobieren sollten.

Ich weiß, dass einige von Ihnen wahrscheinlich immer noch nicht überzeugt sind, daher werde ich versuchen, einige meiner vorherigen Punkte hier zu wiederholen und die logischen und moralischen Rechtfertigungen für den Fonds und ein Grundeinkommen genauer zu beleuchten.

Widerspricht die demokratische Eigentumsbeteiligung nicht dem Prinzip der Leistungsgesellschaft?

Diese Frage geht zurück auf das Beispiel des Monopoly-Brettspiels, das ich zuvor genannt habe. In einer wahren Leistungsgesellschaft würde jeder mit der gleichen Menge an Geld und Eigentum beginnen.
Die komplette Abschaffung der Vererbung wäre die leistungsorientierteste Sache, die man tun könnte, aber sie birgt eine Reihe von Problemen.
Zuallererst ist es fast unmöglich, dies umzusetzen. Die Reichsten der Reichen würden Schlupflöcher und Hintertüren finden oder schlichtweg betrügen. Außerdem sind viele Menschen motiviert, hart zu arbeiten, um ihren Kindern einen guten Start zu ermöglichen und es ihnen besser gehen zu lassen als ihnen selbst.
Aus diesen und vielen anderen Gründen empfehle ich nicht, das Vererben abzuschaffen.
Meiner Meinung nach ist der Fonds die beste Möglichkeit, das Spielfeld zu nivellieren.

Ist die Umverteilung durch den Fonds nicht dasselbe wie das "Die Reichen besteuern" der Sozialisten?

Gute Frage. Man könnte argumentieren, dass das, was der Fonds tut, eine Umverteilung ist, und obwohl ich dieser Position entschieden widerspreche, lassen Sie uns für einen Moment mit ihr spielen:

Warum stellt der Fonds die bessere Umverteilung dar?

Ein wesentlicher Unterschied zwischen der Besteuerung, dem kommunistischen Eigentum und allen anderen sozialistischen Vorschlägen auf der einen Seite und dem Fonds auf der anderen ist, dass der Fonds kein separates Umverteilungssystem benötigt.
Durch die Verwendung desselben Dividendensystems, mit dem Investoren belohnt werden, werden im Vergleich zu einem klassischen Steuersystem eine Menge Kosten und Aufwand eingespart. Es lässt auch weniger Raum für Steuervermeidungsstrategien.
Es stimmt, dass die Gründer und/oder die Führung eines Unternehmens sich mit den Hauptinvestoren verschwören könnten, um zu versuchen, die Einnahmen in eine Scheinfirma zu verlagern und so die Zahlung von Dividenden an die öffentlichen Aktionäre zu vermeiden. Dies wäre jedoch sehr schwer durchzuziehen, da Millionen weiterer Aktionäre nicht nur die Möglichkeit, sondern auch den Anreiz haben, die Bilanz zu prüfen. Insgesamt gibt es also weniger Spielraum, die Öffentlichkeit zu betrügen.
Ein weiterer Punkt ist, dass das Unternehmen gemeinsam mit der Öffentlichkeit entscheiden kann, was mit dem Gewinn geschehen soll. Ein Steuersystem ist "dumm". Es versucht, alle gleich zu behandeln und kann sich daher nicht an individuelle Situationen anpassen.
Im Demokratischen Kapitalismus ist ein Unternehmen nicht an feste Regeln gebunden, wie es seinen Gewinn ausgeben und wie viel Dividende es zahlen soll.

Es hat vielmehr die Möglichkeit, mit den Menschen zu kommunizieren und die beste Lösung zu finden.
Wenn ein Unternehmen derzeit eine Milliarde Gewinn macht, hat es in der Regel die Option, diesen entweder

sofort auszugeben (nach festen Regeln) oder ihn zu versteuern (entweder bei der Auszahlung an die Aktionäre oder bei der Überweisung an die Bank).

In der Zukunft kann ein Unternehmen den Aktionären Handlungsoptionen präsentieren und die Vorteile jedes Szenarios erklären.
Anstatt also auf der Grundlage eines festen Steuerkodex entscheiden zu müssen, können Unternehmen und die Öffentlichkeit entscheiden, was mit dem Geld geschehen soll.

Die hypothetische Gewinnmilliarde kann also entweder vollständig[36] auf das Sparkonto für schlechte Zeiten fließen, vollständig an die Aktionäre ausgezahlt werden oder irgendetwas dazwischen.

Dies dürfte zu einer großartigen Dynamik führen. Wenn ein Unternehmen Billionen auf der Bank hat, während die öffentlichen Schulen zusammenbrechen, ist es nicht sehr wahrscheinlich, dass weitere Gewinne in der Bilanz verbleiben dürfen.

Wenn ein Unternehmen jedoch sehr innovativ ist oder einen ernsthaften Umbruch auf dem Markt erwartet, werden die Leute dem Unternehmen viel eher erlauben, das Geld beiseitezulegen, anstatt es auszuzahlen.

Hoffentlich führt dies zu einer besseren Offenlegung der Unternehmenspläne in der Öffentlichkeit und einer gründlicheren Überprüfung der Unternehmensstrategien.

---

[36] d.h., mit keinerlei Steuerabzügen

Warum ist dieses Grundeinkommen keine Umverteilung?

Im letzten Absatz habe ich der Argumentation zuliebe die Prämisse akzeptiert, dass der Fonds und das von ihm gezahlte Grundeinkommen eine Form der Umverteilung sind.

Jetzt werde ich erklären, warum ich nicht glaube, dass dies der Fall ist.

Erstens: Es wird nichts umverteilt. Die Anteile, die der Fonds erhält, werden neu geschaffen, und alle alten Aktionäre behalten ihre Anteile.
Und während Sie vielleicht argumentieren, dass dies dazu führen kann, dass alte Anteile weniger wert sind oder weniger Stimmrecht haben, wie ich bereits erklärt habe, glaube ich nicht, dass dies tatsächlich der Fall ist.

Ja, ich sehe, was Sie da gemacht haben, aber ein Teil der Dividende wird von den Altaktionären an die Öffentlichkeit umverteilt. Das ist eine Umverteilung. Erwischt!

Nicht so schnell. Derzeit werden die Dividenden auch umverteilt, indem sie besteuert werden. Ich schlage vor, dass bei diesem System die Aktionäre wesentlich mehr Kontrolle über die Höhe der Umverteilung haben und dass die Kosten für die Umverteilung und die Sozialversicherung stark reduziert werden sollten.
Wenn meine Prognosen richtig sind, wird dies dazu führen, dass weniger Geld von der Dividende abgezogen wird.

Wenn also mehr Geld behalten wird, kann man es dann noch Umverteilung nennen?

Ähm... nein, weniger Umverteilung ist immer noch Umverteilung. Es gibt immer noch Leute, die keine Verdienste einbringen, die die Früchte der Wirtschaft ernten.

Was ist Verdienst?
Jetzt müssen wir ein wenig in die Philosophie eintauchen. Im kalten, harten Kapitalismus bezieht sich das Wort "Verdienst" normalerweise nur auf die Ware oder Dienstleistung, die man auf einem Markt gewinnbringend verkaufen kann.
Wie wir in diesem Buch schon mehrfach besprochen haben, gibt es Güter, die zwar einen Wert/Verdienst haben, aber nicht nach monetären Marktprinzipien abgerechnet werden können.

Ein Beispiel ist die Arbeit, die mit der Erziehung von Kindern verbunden ist. Niemand, der bei klarem Verstand ist, würde mit seinem Ehepartner ein Gehalt für die Erziehung der Kinder aushandeln.
Und wenn Sie sich dann entscheiden, eine externe Person, z.B. ein Au Pair, auf Ihr Kind aufpassen zu lassen, verletzen Sie damit das Recht Ihrer Kinder, Zeit mit ihren Eltern zu verbringen. Das Kind ist hier der Nutznießer der Arbeit, aber es hat keine Macht, auf dem Markt zu verhandeln. Es kann weder für sich selbst sprechen noch hat es eine Wahl, weil es von der Betreuung abhängig ist.

Ein Grundeinkommen ist zwar nicht das präziseste Instrument zur Belohnung von Verdiensten, aber es belohnt all jene Verdienste, die vom Markt nicht erfasst werden. Es ist im Grunde eine Verdienstversicherung.

Es ist auch ein Instrument, um Selbstlosigkeit zu belohnen, die per Definition nicht Teil eines freien Marktprozesses ist.

Kann nicht einfach Selbstlosigkeit die einzige Umverteilungsquelle sein?
Unzählige Male habe ich das Argument gehört, dass, wenn wir nur WIRKLICH freie Märkte hätten und reiche Leute nicht mit Steuern belästigen würden, die Selbstlosigkeit dieser guten Leute die staatliche Umverteilung obsolet machen würde.

Und ich kann den Gedankengang dahinter verstehen.

Schließlich sind die Reichsten anscheinend die klügsten und effizientesten Geschäftsleute, wären sie also nicht viel besser geeignet, umzuverteilen als die ineffiziente Regierung?

Während ich dem zweiten Punkt zustimme und einen (hoffentlich) besseren Weg vorgeschlagen habe, sich um die Schwachen und Bedürftigen zu kümmern, als die staatliche Umverteilung, sehe ich einige ernsthafte Probleme mit der ersten Annahme.

Wie das Beispiel von Ayn Rand in einem vorhergehenden Kapitel zeigt, sehen viele Laissez-faire-Kapitalisten Uneigennützigkeit als etwas Schlechtes oder Irrationales an.

Wie können wir also hoffen, dass diese Leute umverteilen werden?

Was es noch schlimmer macht, ist, dass ein nicht unerheblicher Teil der Superreichen narzisstisch oder sogar soziopathisch ist, weil diese Eigenschaften es leichter machen, in der Wirtschaft erfolgreich zu sein.

Und nicht zuletzt sind reiche Menschen so weit von den Problemen und Sorgen der Armen entfernt, dass ihre Fähigkeit, die notwendige Selbstlosigkeit in der richtigen Form aufzubringen, bestenfalls fraglich ist.

Es gibt aber noch ein ganz anderes Argument gegen die freiwillige oder verpflichtende Selbstlosigkeit als Lösung für die Armut.

Sie ist schlicht undemokratisch.

Im Kapitalismus sollte das Schaffen von Verdiensten zu wirtschaftlichen Belohnungen führen; es sollte nicht dazu führen, dass man politische Macht erhält.

Politische Macht wird von "Wir, das Volk" ausgeübt und nur von "Wir, das Volk". Wenn die Reichen darüber entscheiden sollen, was und wie den Armen und Benachteiligten geholfen wird, steigen sie in eine höhere Position in der Gesellschaft auf, und die Demokratie ist kaputt.

Wenn Sie also an demokratische Werte glauben, dürfen Sie Selbstlosigkeit (nur) durch die Reichen nicht akzeptieren. Sie müssen stattdessen Uneigennützigkeit durch die Demokratie fordern.

Und die beste Art von Uneigennützigkeit ist, keine Uneigennützigkeit zu brauchen.

Wenn man ein Grundeinkommen hat, beseitigt man diesen Makel. Wenn jeder es bekommt, braucht man sich nicht zu schämen, wie man es vielleicht tut, wenn man Sozialhilfeschecks bekommt.

Um diesen Punkt weiter zu betonen und um Ihnen mehr von den Vorteilen des Demokratischen Kapitalismus zu zeigen, werde ich jetzt einen Sprung machen.

Im nächsten Kapitel werden wir im Schnelldurchlauf den Übergang vom heutigen System zum Best-Case-Szenario durchlaufen.

"Die Dummheit der Menschen kommt daher, dass sie auf alles eine Antwort haben. Die Weisheit des Romans kommt daher, dass man für alles eine Frage hat....Der Romanautor lehrt den Leser, die Welt als Frage zu begreifen. In dieser Haltung liegt Weisheit und Toleranz. In einer Welt, die auf unantastbaren Gewissheiten aufgebaut ist, ist der Roman tot. Die totalitäre Welt, ob sie nun auf Marx, dem Islam oder etwas anderem basiert, ist eine Welt der Antworten und nicht der Fragen. Dort hat der Roman keinen Platz."
— **Milan Kundera, Das Buch des Lachens und Vergessens**

Kapitel 19 – Vorspulen nach Utopia

Zücken Sie die Fernbedienungen und drücken Sie die Vorspulen-Taste; wir spulen vorwärts zu meiner utopischen Vision.
Natürlich ist dies, wie immer, meine Vision und begrenzt durch die heutige Technologie, verfügbare Inspiration und die Kapazität des Klumpens grauer Masse in meinem Schädel.
Sollte dies jemals umgesetzt werden, ist es wichtig, die Vision ständig zu verbessern und zu erweitern, sonst könnte es stattdessen eine Dystopie werden.

Stellen Sie sich vor, wir haben alle zuvor besprochenen Experimente in kleinen Schritten durchgeführt. Die europäischen Staaten haben sich zusammengeschlossen und zusammen mit anderen westlichen (und vielleicht sogar östlichen) Staaten eine neue Allianz gegründet, die auf dem Fonds basiert.

Viele Unternehmen haben bereits zugesagt, dem Fonds beizutreten, und das Grundeinkommen fließt stetig an alle Bürger. Die anderen Unternehmen spüren nun den Gruppendruck, sich ebenfalls dem Fonds anzuschließen.

Die Aktienkurse der Fonds-Unternehmen haben ihre undemokratischen Konkurrenten weit übertroffen. Mit billigen Krediten, die der Fonds und sein demokratischer Prozess gewähren, sind diese Unternehmen viel schneller gewachsen und haben nachhaltigere Produkte angeboten, als es im alten interventionistischen Kapitalismus überhaupt denkbar war.

Jetzt ist es an der Zeit, zu härteren Maßnahmen zu greifen und eine echte kapitalistische Leistungsgesellschaft einzuführen.

Ja, ich spreche natürlich vom Grundbesitz.

Bisher waren alle Maßnahmen mehr oder weniger freiwillig und brachten einen Win-Win-Nutzen für alle beteiligten Akteure. Jetzt kommt das eine Thema, bei dem es für einige Leute schmerzhaft sein könnte.

Leider können wir diesen Schritt nicht überspringen, weil das System sonst nicht wie beabsichtigt funktionieren kann. Außerdem ist das verursachte Unbehagen nicht die Schuld des Demokratischen Kapitalismus, sondern das Erbe dessen, was vorher kam.
Manchmal ist es notwendig, altes Unrecht zu korrigieren, auch wenn es schwer ist.

Nur Mut.

Es wird weit weniger schmerzhaft sein und die Menschen weit weniger beeinträchtigen, als Sie vielleicht denken. Außerdem werde ich Ihnen Möglichkeiten aufzeigen, wie Sie den Übergang so einfach und reibungslos wie möglich gestalten können.

Ah, der Sozialist zeigt sein wahres Gesicht. Er stiehlt unser Eigentum und macht uns zu Sklaven des Staates.

Tja, so einen Angriff habe ich erwartet. Wann immer man davon spricht, auch nur das Geringste an Grundbesitz oder Eigentumsrechten zu ändern, ist man automatisch ein böser Kommunist.

Sie müssen verstehen: DAS IST PROPAGANDA.

Und einer der ältesten Propagandatricks, die es gibt, nämlich die Projektion. Beschuldigen Sie andere für das, was Sie getan haben oder gerade tun.

Dieser Trick funktioniert aus zwei Gründen so gut. Für die Seite, die das Argument verwendet, ist es leicht zu schlucken, weil es sich gut anfühlt.
Er nutzt die Einstellung "Siehst du, die sind genauso schlecht wie wir".
Und für die Beschuldigten verursacht es ein Dilemma. Sie müssen sich nun selbst verteidigen, was bereits eine unangenehme Position ist. Um die Sache noch schlimmer zu machen, haben sie es jetzt schwer, die andere Seite der gleichen Sache zu beschuldigen, weil sie wie Kinder aussehen würden, die schreien: "Nein, ihr habt es getan."

Ein gutes Beispiel ist gerade passiert, als ich dieses Kapitel geschrieben habe. Mehrere große Hedge-Fonds haben die Firma Game Stop seit Monaten leerverkauft. Am Höhepunkt waren 140% der im Umlauf befindlichen Aktien im Leerverkauf.
Einige kleine Investoren fanden das nicht gut und organisierten sich auf Reddit, um zurückzuschlagen.
Sie wendeten also die Taktik der Wall Street an, kauften die Aktie mit Marge und erzwangen einen Short Squeeze, der die Hedge-Fonds Milliarden von Dollar kostete und sogar einen in die Knie zwang.

Was war die Reaktion? Mehrere große Handelsplattformen für Kleinanleger wie Robinhood machten es unmöglich, die Game Stop-Aktie zu kaufen, während der Verkauf weiterhin erlaubt war, und versuchten so, den Preis wieder nach unten zu drücken.

Das ist es, was die Wall Street als "freien Markt" betrachtet. Behalten Sie das bitte im Hinterkopf.

Also, um es ein für alle Mal zu wiederholen: Land wurde NIE durch einen Prozess des freien Marktes verteilt.

Es wurde beschlagnahmt, gestohlen oder angeeignet. Egal, welches Stück Land Sie in den letzten paar Jahrhunderten zurückverfolgen, Sie werden nie den rechtmäßigen Besitzer finden.
Diejenigen, die heute Land besitzen, sind also entweder Diebe, Erben von Dieben oder unfreiwillige Mitverschwörer, die gestohlenes Land gekauft haben.

Ich weiß, dass es schwer ist, dies anzuerkennen, besonders wenn Sie auf Land leben, für das Ihre Familie hart gearbeitet hat. Ich besitze selbst Land; ich weiß, wie schwer es ist, es loszulassen. Aber ich kann mich nicht über die Gerechtigkeit für viele stellen.

Nun, da wir festgestellt haben, dass der gesamte heutige Landbesitz ungerecht ist, wie lösen wir das Problem?

Fangen wir einfach wieder bei null an und bieten alles Land auf dem freien Markt an?

Ich habe bereits diskutiert, warum das keine gute Idee ist. Wir müssten es immer wieder tun, um Chancengleichheit für die kommenden Generationen zu gewährleisten, oder die Vererbung ganz abschaffen.

Nein, was wir meiner Meinung nach tun sollten, ist Folgendes:
Alles Land gehört jetzt dem Fonds.

Ja, das haben Sie erwähnt, aber bedeutet das, dass Sie jetzt alle Familien aus ihren Häusern vertreiben?

Nein, natürlich nicht. Jeder behält den Besitz (beachten Sie den Unterschied zwischen Besitz und Eigentum) an seinem Land und seinen Immobilien.

Wir entwerfen vielmehr ein neues Gesetzbuch zum Landbesitz. Darin erklären wir, dass Land und Ressourcen nur auf demokratische Weise besessen werden können.
Die Begründung dafür ist, dass wir Menschen nur Gäste auf diesem Planeten sind. Tiere, Pflanzen und zukünftige Generationen haben genauso ein Recht auf ein gutes Leben auf einem sauberen Planeten wie wir. Außerdem haben sie genauso viel Anspruch auf das Land wie wir.

Deshalb wird der Fonds einen eigenen, von den Betrieben streng getrennten Zweig einrichten, der für das Land- und Ressourcenmanagement sowie den Umweltschutz zuständig ist.

Dieser Zweig soll über eine eigene Abteilung von Advokaten verfügen. Diese Fürsprecher werden dafür verantwortlich sein, im Namen derjenigen zu verhandeln, die nicht für sich selbst sprechen können. Z.B. nicht kontaktierte Eingeborenenstämme, Pflanzen und Tiere, etc. Aber dazu später mehr.

Die wichtige Frage ist:
Wie schaffen wir den Übergang von Unternehmens- und persönlichem Landbesitz zu demokratischem Eigentum?

Es gibt zahllose mögliche Varianten, die von der einfachen Übernahme des gesamten Landes bis zum Rückkauf des Landes mit öffentlichen Geldern und allem dazwischen reichen.
Welcher Weg auch immer gewählt wird, es ist wichtig, ihn so fair wie möglich zu gestalten, was bedeutet, dass die Menschen nicht die Früchte ihrer harten Arbeit verlieren dürfen, während die reichsten Landbesitzer nicht übermäßig entschädigt werden dürfen.

Ich denke, der Weg, um die breiteste Unterstützung zu bekommen, könnte wie folgt aussehen:
Man einigt sich verfassungsmäßig darauf, dass Land und natürliche Ressourcen noch nie gerecht verteilt wurden, und daher sind alle Eigentumsrechte an Land ungültig.
Da wir das Land und die Ressourcen nur leihen, müssen wir sie schützen und klug nutzen; daher soll nur demokratisches Eigentum über den Fonds erlaubt sein.
Menschen, die bereits Land besitzen und dafür hart gearbeitet haben, sollen es nicht verlieren.
Ihr Eigentum wird einfach in einen langfristigen Pachtvertrag umgewandelt. Für Privatleute, die auf dem Land leben, das sie besitzen, schlage ich vor, dass die

Miete für ihr ehemaliges Eigentum in den ersten 100 Jahren gleich Null ist.

Für Immobilien, die in Privatbesitz sind und vermietet werden, sollte die Miete für die ersten 50 Jahre den gleichen Betrag betragen, der derzeit an Grundsteuern gezahlt wird. Nach dieser Zeitspanne sollte die Miete wie bei Gewerbeimmobilien behandelt werden, worauf wir gleich noch eingehen werden.

Die Mietverträge sollten natürlich vererbbar sein, so dass niemand sein Elternhaus verliert, wenn er es nicht aufgeben will.

Und was ist mit den Häusern auf den Grundstücken? Werden sie jetzt zu Sozialwohnungen? Sozialwohnungen sind furchtbar!

Nun, nein. Nur das Land gehört dem Fonds. Häuser und andere Gebäude gehören immer noch denselben Eigentümern wie vorher; das gilt auch für Häuser, die auf neu gemietetem Land gebaut werden.

Und was passiert, wenn Sie umziehen? Können Sie das Haus verkaufen?

Ganz genau. In vielen europäischen Ländern, wie Deutschland und der Schweiz, gibt es dafür bereits ein System. Unter der so genannten Erbpacht.[37]

---

[37] Diese Systeme sind sehr unterschiedlich, von Land zu Land, weshalb ich mich hier auf das deutsche System konzentriere, welches ich am besten kenne.

Bei diesem System geht man einen langfristigen Mietvertrag ein, bei dem man das Grundstück mietet und das Haus baut, das einem dann gehört.

Falls Sie die Erbpacht kündigen oder wegen Nichtzahlung ausgewiesen werden, muss der Grundstückseigentümer Sie für das Haus entschädigen.

Dies kann z.B. dadurch geschehen, dass ein Sachverständiger den Wert des Hauses feststellt.

Eine andere Möglichkeit ist, dass entweder der Vermieter oder der Ausgeschiedene einen Käufer findet, der das Haus kauft und dann neuer Mieter im Erbpachtvertrag wird.

Dies ist eine gewinnbringende Option für alle Beteiligten. Der Vermieter hat wenig bis keinen Aufwand, denn er ist für das Haus gar nicht verantwortlich, also keine Reparaturen, keine nächtlichen Anrufe wegen undichter Wasserhähne etc.

Der Hauseigentümer und der Hauskäufer haben beide den Vorteil eines niedrigeren Kaufpreises, da sie nicht für das Grundstück bezahlen müssen.

Überlegen Sie einmal, wie gigantisch das ist.

Hier in Bayern, wo ich wohne, ist der Kauf von Bauland oft teurer als der Bau des Hauses selbst. Ich habe sogar schon mehrere Grundstücke gesehen, bei denen leeres Bauland teurer ist als ein vergleichbares Grundstück mit einem älteren Haus darauf.

Das System, das ich vorschlage, würde es viel, viel mehr Menschen ermöglichen, ein Haus oder eine Wohnung zu besitzen.

Von diesem System würden auch die Investoren profitieren, die Wohnraum zur Miete anbieten. Heute werden Immobilieninvestoren oft als gierige, schäbige Leute gesehen, die versuchen, Oma zu vertreiben, um ein Luxus-Loft zu bauen.

Wenn Sie Mieter sind und sich auf dem Immobilienmarkt nicht auskennen, ist es verständlich, dass Sie diesen Eindruck haben. Und er trifft sicherlich auf einige Investoren zu, vor allem auf die großen Beteiligungsgesellschaften.

Es gibt aber einen anderen Typus von Immobilieninvestor, den privaten Kleininvestor, der nur wenige Einheiten besitzt, sehr oft nur das eigene Einfamilienhaus und eine vermietete Wohnung.
Ein solcher Investor kann ein Zahnarzt oder Arzt sein, der ein paar Wohnungen kauft, um seinen Ruhestand zu sichern. Oder vielleicht ein Ingenieur, der versucht, sich ein passives Einkommen aufzubauen, wie ich es einst war.

Ich sage Ihnen, der Grund, warum Immobilieninvestoren ein so schlechtes Image haben, ist, dass der Typus des Kleinanlegers Marktanteile verliert, während der böse Typus floriert.

Das hat nichts mit Inkompetenz auf Seiten der kleineren Investoren zu tun.

Das System ist manipuliert.

Ich möchte Ihnen das an einem Beispiel aus meiner eigenen Investment-Reise zeigen...

Gleich nach Abschluss meines Ingenieurstudiums wollte ich Häuser kaufen, um meine Rente zu sichern und hoffentlich eines Tages finanziell frei zu werden.

Also sondierte ich den bayerischen Markt während meiner gesamten Studienzeit und danach noch etwa ein halbes Jahr lang, bevor ich meinen ersten Kauf tätigte. Und was ich sah, war ernüchternd.

Nach dem Platzen der Immobilienblase im Jahr 2008 ist der Markt in Bayern nicht wirklich eingebrochen und auch nach 2011/2012 ging es Schlag auf Schlag.
Da ich zu der Zeit in München lebte, habe ich das hautnah miterlebt. Meine damalige Verlobte und ich zogen in eine Zwei-Zimmer-Wohnung und zahlten fast 1000€ Monatsmiete. Zwei Jahre später begannen wir, nach einer größeren Wohnung zu suchen. Wir konnten uns aber keine leisten. Wir sahen sogar eine Anzeige für eine Wohnung im selben Gebäude, in dem wir wohnten, nur eine Etage tiefer von uns - gleiche Größe, fast gleicher Grundriss. Sie kostete fast 2000€. Die Preise hatten sich in nur zwei Jahren verdoppelt.

Ja, aber das ist nur ein Beispiel; die offiziellen Zahlen zeigen, dass die Mieten im Durchschnitt viel weniger gestiegen sind.

In Wirklichkeit ist genau das Gegenteil der Fall. Die offiziellen Zahlen werden durch mehrere Tricks künstlich niedrig gehalten.

Erstens beziehen sie meist alte Mietverträge mit ein. So werden die kleinen Immobilienbesitzer, die ihre Mieter persönlich kennen und nie die Mieten erhöhen, mit den bösen Haien in einen Topf geworfen.
Zweitens, selbst wenn neue Mieten ausgewiesen werden, ist es nicht verpflichtend, diese der Regierung offenzulegen, sodass staatlich geförderter Wohnraum diese Statistiken dominiert.

Und es gibt noch viel mehr...

Ich überprüfe die Mietanzeigen seit Jahren und habe nicht ein einziges Mal eine Wohnung gefunden, die auch nur annähernd dem offiziellen Durchschnittspreis entspricht. Wenn Sie Webseiten wie Immoscout24 überprüfen, die ihre Statistiken zum Kauf anbieten und die eine viel realistischere Datenbasis haben als die Regierung, werden Sie sehen, dass die Mieten mindestens 20% höher sind, manchmal sogar mehr als doppelt so hoch, wie die Zahlen der Regierung vermuten lassen.

Warum aber steigen die Mieten und Hauspreise in vielen Städten und sogar in einigen ländlichen Gegenden so schnell?

Manche sagen, die Antwort sei, dass immer mehr Menschen in die Städte ziehen und die Nachfrage nach Wohnraum schneller steigt als das Angebot.

Die Zahlen passen aber nicht zusammen, also muss es auch andere Gründe geben.

Ein solcher Faktor ist die Besteuerung.

In Deutschland zahlt man beim Kauf eines Hauses oder einer Wohnung rund 10% an Steuern und Gebühren. Wenn man dann noch die oft obligatorische Maklergebühr hinzurechnet, kommt man auf eine Summe von 13 bis 17 Prozent.
Das bedeutet, dass bei jedem Eigentümerwechsel einer Immobilie der Preis mindestens um die erwähnten 10% bis 17% steigen muss, sonst macht der Verkäufer einen Verlust.
Das will natürlich kein Verkäufer. Und da die Nachfrage vor allem in den Städten wirklich hoch ist, muss fast kein Verkäufer einen solchen Verlust in Kauf nehmen.

In der Realität ist eher das Gegenteil der Fall, die meisten Verkäufer machen beim Verkauf zusätzlich zu den Gebühren und Steuern noch einen Gewinn.

Erschwerend kommt hinzu, dass die Steuern und Gebühren etc. auf den Verkaufspreis berechnet werden, also ebenfalls auf den Gewinn des Verkäufers aufgeschlagen werden.
Das bedeutet, dass ein Haus, das einmal den Besitzer wechselt, seinen Preis leicht um 30% oder mehr erhöhen kann.
Daher erscheint vielen Unternehmern der Gewinn beim Verkauf attraktiver als die Dividende, die sie erhalten, wenn sie die Immobilie behalten und vermieten.

Sagen wir, die Miete kann maximal um 25% pro Jahr steigen. Wenn ein Haus einmal verkauft wird, steigt der Preis um 30% und übertrifft die Miete bereits um 5%. Wird es zweimal verkauft, steigt der Preis um 69%, dann um 120% usw. Je schneller also der Wohnungsumsatz, desto weniger fällt die Miete ins Gewicht.

Damit beginnt ein Teufelskreis. Da die Mieten zumindest etwas durch das Einkommen der Menschen begrenzt sind, während Grundbesitz ein Lieblingsspiel der Reichsten der Reichen ist, können die Preise mit fast unbegrenzter Geschwindigkeit steigen, während die Mieten nicht mithalten können. So wird eine Immobilie mit jedem Verkauf und mit jedem Anfall von Gebühren und Steuern interessanter für die Spekulanten[38] und uninteressanter für die Käufer und Besitzer.
In den beliebtesten Metropolen wie München, New York, London, etc. hat dies zu dem seltsamen Phänomen geführt, dass viele der hochwertigsten Immobilien in den besten Gegenden leer stehen.

Ausländische Investoren kaufen diese Wohnungen und Häuser und spekulieren auf den steigenden Wert. Vermieten ist zu umständlich und riskant, wenn man sich auf der anderen Seite des Planeten von seinen Mietern befindet. Da die Miete so gering ist im Vergleich zu der

---

[38] Diejenigen, die Häuser nur zur Spekulation kaufe. Es gibt drei Arten Spekulant. Den Flipper, der Häuser billig kauft, oft bei Zwangsversteigerungen, und direkt weiterverkauft. Den Fix und Flipper, der sanierungsbedürftige Häuser kauft, repariert und veräußert. Sowie den langfristigen Spekulanten, der Häuser kauft und hält, um Sie später gewinnbringend zu verkaufen. Der letzte Typus ist leicht mit dem Buy and Hold Investor zu verwechseln, der Immobilien wegen der Mietrendite kauft.

Wertsteigerung, die sie erwarten, lassen sie die Wohnungen einfach leer stehen.

Das führt zu einer weiteren Verknappung des Wohnungsangebots, genau dort, wo die Nachfrage am größten ist.

Zum Glück gibt es einige Investoren, die gegen diesen Trend ankämpfen und bewusst Häuser kaufen, um sie an einkommensschwache Mieter oder Sozialhilfeempfänger zu vermieten. Ich war einmal einer von ihnen.

Um es vorwegzunehmen, ich habe es nach einigen Jahren aufgegeben, weil ich bei all meiner anderen Arbeit einfach nicht die nötige Zeit aufbringen konnte. Sozialimmobilieninvestitionen in Deutschland sind unter dem heutigen System möglich und können profitabel sein. Natürlich ist es weniger profitabel als "normales" Investieren.
Das habe ich erwartet und das konnte ich ertragen. Was mich zurückschrecken ließ, war, dass es auch eine Menge zusätzlicher Arbeit ist. Soziales Investieren ist ein harter Kampf.

Der Markt ist gegen Sie, die Regierung ist gegen Sie, und manchmal sind sogar Ihre Mieter gegen Sie.

Ich habe bereits erklärt, warum der Markt gegen erschwinglichen Wohnraum manipuliert ist, aber die Regierung?
Es vergeht kein Wahlkampf, in dem bezahlbarer Wohnraum nicht für wichtig erklärt wird. In Deutschland

sind sogar viele Gesetze verabschiedet worden, um die Mieten zu kontrollieren und den Preisanstieg zu bremsen. Sollte die Regierung also nicht Ihr Freund und Verbündeter sein, wenn Sie günstigen, gemütlichen Wohnraum schaffen?

Tatsächlich ist die "Mietpreisbremse" ein zahnloser Papiertiger ohne Wirkung.

Ein viel stärkeres Gesetz ist die Abgabenordnung, die besagt, dass, wenn Sie eine Wohnung zu weniger als 66% der Durchschnittsmiete in Ihrer Gegend vermieten, Sie die meisten der üblichen Steuerabzüge und Abschreibungsmöglichkeiten nicht nutzen können. Wenn Sie also eine Immobilie billig vermieten, werden Sie zum Dank von Ihrer Regierung höher besteuert.

Und was noch schlimmer ist: Dies kann überprüft und rückwirkend angewendet werden. Bis zu zehn Jahre.

Vor ein paar Jahren gab es einen großen Skandal, bei dem viele soziale Vermieter und Organisationen wie die Caritas, die bezahlbaren Wohnraum zur Verfügung stellen, riesige rückwirkende Steuerrechnungen erhielten, manchmal in Millionenhöhe.

Seitdem hat sich nichts geändert. Ein kleines Zugeständnis wurde während der Covid-Krise gemacht, wo die Obergrenze auf 50% der Durchschnittsmiete gesenkt wurde.

Als ob das nicht genug wäre, machten mir in den Jahren, in denen ich selbst bezahlbaren Wohnraum anbot, zwei Trends das Leben zur Hölle.
Der erste war, dass das Geld, das die Regierung für Sozialhilfeempfänger zahlte, immer weniger wurde. In einer Zeit, in der die Preise stiegen, schrumpfte meine Marge ständig.
Das andere Problem war, dass sich die Einstellung des Arbeitsamtes gegenüber Vermietern änderte.

Als ich anfing, war das Verhältnis noch freundschaftlich. Wenn die Mieter Termine beim Arbeitsamt nicht wahrnahmen, bat man mich, doch bitte zu schauen, was los sei.
Wenn die Mieter das Geld, das sie für die Miete bekamen, nicht an mich weiterleiteten, half mir das Arbeitsamt bei der Klärung des Problems oder überwies das Geld sogar direkt an mich.

Dies änderte sich plötzlich.

Die neue Politik lautete: "Datenschutz geht vor". Von Anfang an hatte ich alle meine Sozialmieter gebeten, eine Erklärung zu unterschreiben, die es mir erlaubte, Informationen vom Arbeitsamt zu bekommen und sogar Formulare für sie auszufüllen, wenn sie vergessen hatten, sie auszufüllen oder mit der Bürokratie überfordert waren. Dieser Service wurde besonders von denjenigen begrüßt, die nicht so gut Deutsch sprachen.

Nach der neuen Regelung wurde diese Erklärung nicht mehr akzeptiert.

Wenn also ein Mieter seine Termine versäumte oder vergaß, Formulare auszufüllen, stellte das Arbeitsamt einfach die Mietzahlungen ein. Als ich dann beim Arbeitsamt anrief, um zu fragen, was los sei, verwies man mich an meine Mieter.
Nur ein kleines Problem. Sozialmieter, die ihre Termine nicht wahrnehmen, geben das nicht gerne zu. Deshalb sagten sie oft: "Ich weiß nicht, warum sie nicht mehr zahlen." Viele von ihnen logen nicht einmal.

Als ob das nicht genug wäre, sah das Arbeitsamt in mir, dem Vermieter, plötzlich eine Art Babysitter für ihre Klienten.
Wenn also ein Mieter Ärger mit der Polizei bekam, die Nachbarn ärgerte, in den Urlaub fuhr, ohne das Arbeitsamt zu informieren usw., rief mich das Arbeitsamt an und bat mich, die Sache zu regeln.

Nur "bitten" ist das falsche Wort. Zuvor hatten sie nett gefragt, ob ich helfen könnte. Jetzt forderten sie und drohten sogar, dass sie die Mietzahlungen kürzen oder einstellen würden, wenn ich nicht eingreifen würde.

Das ging über ein Jahr lang so und machte mich wirklich fertig. Ich machte zwar immer noch einen kleinen Gewinn, aber kaum genug, um die Instandhaltung der Häuser zu decken. Die vom Staat gezahlten Mieten, die zuvor meine Versicherung gewesen waren, weil einkommensschwache Mieter von Natur aus unzuverlässige Zahler sind, [39] waren nun ebenfalls unzuverlässig.

Aus dem passiven Einkommen war ein extrem hart erarbeitetes Einkommen geworden. Ich musste wöchentlich oder noch öfter zu allen meinen Häusern fahren.
Das war hart für mich. Meine Hauptimmobilien waren drei Autostunden von meinem Zuhause entfernt, und ich war bereits 75 % der Zeit für meinen Tagesjob unterwegs, plus der Gründung eines Unternehmens in meiner "freien" Zeit. Trotzdem hielt ich durch und dachte noch nicht ans Aufhören.

Was mich dann endgültig aus der Bahn warf und mich dazu brachte, den Verkauf der betreffenden Häuser in Betracht zu ziehen, war, dass sich meine Mieter gegen mich wandten.

Wir hatten immer ein relativ freundschaftliches Verhältnis zueinander gehabt. Ich habe ihnen geholfen, so gut ich konnte, und sie waren nett und dankbar. Zumindest die meiste Zeit über.
Aber jetzt war ich der Bösewicht geworden, weil ich sie mit den Forderungen des Arbeitsamtes usw. belästigt hatte.

Ein sehr häufiges Thema war, dass ich mitten in der Nacht Anrufe bekam, die mich über einen meiner Mieter

---

[39] Damit möchte ich nicht sagen, dass sie nicht zahlen wollten, oft konnten sie das wirklich nicht.

informierten, der zu laut war, zu betrunken oder irgendeine andere Art von Störung verursachte.
Früher hätte ich diese Anrufe ignoriert und ihnen gesagt, sie sollten das mit meinen Mietern klären oder die Polizei rufen, aber jetzt waren meine Mieteinnahmen daran gebunden. Also musste ich meine Mieter anrufen, ihnen Briefe schreiben und ihnen mit der Zwangsräumung drohen, wenn sie ihr Verhalten nicht verbessern würden.

Verständlicherweise gefiel ihnen das nicht.

Nach ein paar weiteren Monaten in dieser Situation hatte ich die Nase voll. Also verkaufte ich schweren Herzens und mit dem Gefühl, ein Verlierer zu sein, die Häuser.

Nun, warum habe ich Ihnen das erzählt? Warum habe ich über diese Probleme gejammert?

Der Grund, warum ich Ihnen diese Geschichte erzähle, ist nicht, um Dampf abzulassen oder über die Ungerechtigkeit der Welt zu jammern.[40]
Ich erzähle Ihnen das, um Ihnen zu zeigen, dass das System kaputt ist. Wenn es Ihnen schlecht geht, schikaniert die Regierung Sie, anstatt zu helfen, und wenn Sie den Unterdrückten helfen, schikaniert die Regierung Sie ebenfalls. Kein Wunder, dass das so wenige Leute tun.

Ja, aber ist das nicht ihre eigene Schuld? Sie haben Alkoholprobleme erwähnt, etc.

---

[40] Ok, vielleicht ein bisschen.

Nun, einige Menschen sind durch eigenes Verschulden in einer schlimmen Situation. Viele andere sind dort aufgrund von Pech. Egal, wie sie dort hineingeraten sind, die meisten kommen ohne Hilfe nicht wieder heraus.

Das derzeitige Sozialsystem ist das Gegenteil von Hilfe.

Neben all den erwähnten Problemen zerstört das einfache Stigma, arbeitslos zu sein, auf Sozialhilfe angewiesen zu sein, usw., das Selbstwertgefühl der Menschen. Das hält sie davon ab, aus den Teufelskreisen auszubrechen, die sie unten halten.

Im Laufe der Jahre habe ich viele der Menschen kennengelernt, die durch das System zerstört und am Boden gehalten werden, und einige sind gute Freunde geworden.

Ich bin kein wohlhabender Typ, der herablassend auf arme Menschen herabblickt oder versucht, sie von oben herab zu belehren, ohne die geringste Ahnung von ihrem Leben und ihrer Situation zu haben. Ich kenne und liebe Menschen, die alles verloren haben oder nie etwas besaßen, manche ohne eigenes Verschulden.

Wenn man diesen Menschen ein Grundeinkommen gibt, werden sich viele von ihnen erholen und zu sogenannten "produktiven Mitgliedern" der Gesellschaft werden.

Sicher, für Menschen mit z.B. besonderen medizinischen Bedingungen werden wir spezielle Wohlfahrtsprogramme brauchen, auch mit dem Fonds.

Für die meisten Menschen, die heute von Arbeitslosigkeit und anderen Sozialleistungen leben, wird das Grundeinkommen ein echter New Deal sein und sie komplett aus der Sozialhilfe herausholen.

Dies wird durch billigeren Wohnraum unterstützt werden.

Ok, zurück zur eigentlichen Geschichte. Wir haben über private Immobilien gesprochen, nun zu den gewerblichen Immobilien.

Für gewerbliche Immobilien würde ich nur eine kleine Übergangszeit vorschlagen. In den ersten fünf bis fünfzehn Jahren sollten sie nur die aktuellen Grundsteuern als Miete zahlen. Die Zeit hängt davon ab, wie lange der Kauf der Immobilie zurückliegt, sodass die reduzierte Miete die Ausgaben für die Immobilie ausgleicht.

Nach der Übergangszeit werden Gewerbeimmobilien, die Unternehmen außerhalb des Trusts gehören, normale Marktmieten zahlen müssen.
Unternehmen im Fonds werden eine Marktmiete zahlen, die nur auf dem nicht-demokratischen Anteil ihrer Aktien basiert. Wenn also eine Kapitalgesellschaft zu 50% im Besitz des Fonds ist, zahlt sie die Hälfte der normalen Miete. Wenn sie zu 100% im Besitz des Fonds ist, zahlt sie überhaupt keine Miete.

Die Logik dahinter ist, dass Land, das für den Fonds genutzt wird, nicht vom Fonds bezahlt werden soll, da dies Ineffizienz erzeugt. Außerdem gibt es einen weiteren Anreiz für Unternehmen, sich dem Fonds anzuschließen.

Ok, wir haben uns also mit den meisten Ländereien beschäftigt. Die einzigen Ländereien, die übrig bleiben, sind landwirtschaftliche Flächen, Wälder und Bergbauland.

Letztere sollten wie kommerzielle Grundstücke behandelt werden, nur mit dem Unterschied, dass das Land und die Ressourcen immer noch dem Fonds gehören.
Wenn also eine Firma Ressourcen abbaut, kann sie nicht einfach den Boden billig mieten/kaufen und dann Öl pumpen und damit fertig sein. Jetzt müssen sie dem Fonds für jeden Liter Öl, den sie fördern, und jede Tonne Kohle, die sie abbauen, entschädigen. Außerdem sollte meiner Meinung nach die Ausbeutung der Ressourcen nicht an Firmen vergeben werden, die weniger als 51% der Anteile im Besitz des Fonds haben.

Warum ist das wichtig?

Der wichtigste Grund ist die Rechenschaftspflicht. Im Moment misshandeln große Konzerne oft das Land, um Ressourcen zu sammeln. Manchmal wälzen sie die Kosten für die Umweltschäden auf die Öffentlichkeit ab, ohne dafür bestraft zu werden. In anderen Fällen werden sie von der Regierung verpflichtet, die Schäden zu beheben und Geld für die Kosten im Voraus zur Seite zu legen. Was wir aber immer wieder beobachten, ist, dass die Unternehmen es einfach nicht tun oder zu wenig Geld zurücklegen, sodass am Ende wieder der Steuerzahler dafür aufkommen muss. Ein bekannter Trick ist, dass die einzelnen Minenbetriebe verschiedenen

Briefkastenfirmen gehören. Wenn die Regierung dann klagt, meldet die Scheinfirma einfach Konkurs an.

Der Grund, warum die Konkursgesetze ursprünglich eingeführt wurden, war, um Innovationen zu ermöglichen. Eine Firma zu gründen ist riskant, also würde man das nicht tun, wenn man zu 100% persönlich haftbar wäre.
Leider wurde dies in den letzten Jahren als "Du kommst aus dem Gefängnis frei" Karte missbraucht.

Es ist sehr schwierig, das Konkursrecht so zu ändern, dass Innovation möglich ist, aber die Missbraucher zur Verantwortung gezogen werden. Daher ist meine Idee, das Gesetz so zu belassen, wie es ist, und nur die Arten von Unternehmen demokratisch zu kontrollieren, die in der Vergangenheit die schlimmsten Übeltäter waren und die den größten Schaden anrichten können.
Wenn das betreffende Unternehmen in demokratischem Besitz ist, ist viel mehr Verantwortlichkeit möglich, weil die Berichte des Unternehmens für mehr Menschen zugänglich sind und mehr Menschen ein Mitspracherecht haben. Insbesondere haben mehr Menschen die Möglichkeit, Führungskräfte im Falle von Missmanagement direkt zu verklagen. Und auch wenn dies den Führungskräften nicht gefallen mag, war ein großes Problem in den letzten Jahrzehnten, dass sie ihre Arbeit einfach nicht gemacht haben.
Was in der Krise 2008 und im Dieselgate-Skandal überdeutlich wurde, ist, dass Führungskräfte keine Angst vor Gefängnisstrafen haben müssen und Bußgelder in ihre Kalkulation einbeziehen. Ja, sie kalkulieren, wie viel

Geldstrafe sie wahrscheinlich bekommen werden und brechen oft absichtlich das Gesetz, weil es billiger ist.

Lassen wir für einen Moment den Gedanken beiseite, den Sie vielleicht haben, der schreit: *"Sollte eine Geldstrafe nicht immer höher sein als der Gewinn, den man durch das Verbrechen erzielt hat?"*

Das größere Problem ist, dass sie nicht persönlich haftbar sind. In der Tat gehen Führungskräfte nach einem großen Skandal oft mit gigantischen Gehaltsschecks in den Ruhestand.
Dies geschieht, weil die Führungskräfte der Unternehmen, die Politiker und die hochrangigen Wall-Street-Banker oft die gleiche Schule besucht haben, in die gleichen Country-Clubs gehen, etc. Sie sind befreundet und passen aufeinander auf.
Dies ist weniger wahrscheinlich, wenn die Vergütung und die Einstellung und Entlassung von Führungskräften demokratisch kontrolliert werden.

Der andere Aspekt, der die Ausbeutung von Ressourcen kontrollieren wird, sind die bereits erwähnten Advokaten.

Untersuchen wir ihre Rolle am Beispiel von landwirtschaftlichen Flächen und Wäldern.
Die Advokaten sind Verhandlungsführer im Namen derer, die nicht verhandeln können. Wie ein gesetzlicher Vormund, der im Namen von geistig beeinträchtigten Personen spricht, so sprechen die Advokaten im Namen von Tieren und zukünftigen Generationen und anderen, die sich nicht wehren können.

Ihre Hauptaufgabe ist es, einen sauberen und lebenswerten Planeten für unsere Kinder und Enkelkinder zu bewahren, indem sie dafür sorgen, dass die permanente Zerstörung der Natur vermieden oder minimiert wird und die ökologischen Kosten von den Verursachern bezahlt und nicht auf die Masse abgewälzt werden.

Lassen Sie uns ein Beispiel betrachten:
Nehmen wir an, ein Unternehmen möchte ein Stück Regenwald abholzen, um dort Rinder zu züchten. Bevor die Advokaten dies genehmigen oder ablehnen, werden sie verschiedene Analysen durchführen, z. B.:

1. Was sind die zu erwartenden Kosten für das Ökosystem? Wie viel wird es kosten, die Landschaft später wiederherzustellen?
2. Welche Interessengruppen (Tiere, Einheimische, Nachbarn, etc.) sind wie betroffen?
3. Wie ist die Erfolgsbilanz des fraglichen Unternehmens? Gibt es andere Bieter mit einer nachhaltigeren Lösung?

Der erste Teil ist eine Korrektur der Marktmechanismen; er gibt denjenigen Verhandlungsmacht, die normalerweise vom Markt ignoriert werden. Heute kostet das Abholzen eines tausendjährigen Baumes oft nur ein paar Cent, weil ein Unternehmen nur die Arbeits- und Werkzeugkosten bezahlt. Das Fällen eines Baumes kostet also das Gehalt des Holzfällers plus ein paar Liter Öl und Benzin für die Kettensäge.
Meine Hoffnung für die Zukunft ist, dass das Abholzen eines tausendjährigen Baumes so viel kosten wird, wie es

kostet, nun ja, einen Baum wachsen zu lassen und ein Stück Land für ihn für tausend Jahre zu bewahren.

Aber das würde das Abholzen von Bäumen fast unerschwinglich machen.

Das ist genau der Punkt. Wenn es nicht rentabel ist, die externen Kosten zu tragen, DARF man es NICHT tun. Es sei denn, man muss es tun, um zu überleben, aber das ist fast nie der Fall.
Tatsächlich werden nachhaltigere Technologien oft vom Markt verdrängt, weil die nicht-nachhaltigen Versionen so billig sind.

Das ist kein echter Markteffekt. Das ist Diebstahl.

Wenn man der Öffentlichkeit Umweltkosten aufdrücken muss, um Profit zu machen, hat man kein gutes Geschäftsmodell und verdient es, bankrott zu gehen.

Das Gleiche gilt für den zweiten Punkt.

Es gibt oft Stakeholder wie Tiere, indigene Stämme, Anrainer usw., die von unternehmerischen Entscheidungen stark betroffen sind, und doch wird ihr Standpunkt nie berücksichtigt.

Meine Hoffnung ist, dass die Arbeit der Advokaten uns hilft, Absurditäten wie die Massenproduktion von Fleisch, Monokulturen in der Landwirtschaft und die Abholzung des Regenwaldes zu überwinden.

Das ist besonders wichtig, denn die aktuelle Umwelt- und Klimakrise ist nicht nur eine Katastrophe für die Tiere und die armen Länder; sie hat das Zeug dazu, die gesamte Menschheit auszulöschen.

Klingt beunruhigend?

Bedenken Sie dies:
Viele menschliche Hochkulturen sind untergegangen, weil sie ihre eigenen Lebensgrundlagen zerstört haben. Jetzt sind wir so globalisiert, dass wir die globalen Lebensgrundlagen zerstören.

Und selbst wenn wir es schaffen, die Krise hier in den reichsten Ländern zu überleben, was wäre das für ein Leben?

Mit dem Demokratischen Kapitalismus setzen wir die richtigen Mechanismen in Gang, um die Schäden, die wir dem Planeten zugefügt haben, rückgängig zu machen und ein Leben zu schaffen, das besser ist, als wir es uns je vorstellen konnten.

Schauen wir uns die nächsten in Frage kommenden Landtypen an: landwirtschaftliche Flächen und Wirtschaftswälder.

In Deutschland haben wir Förster, die sich um die Wälder und Wildtiere kümmern. Sie sind oft von der Regierung angestellt und haben große Kompetenzen und oft auch die Macht, den Landbesitzern zu sagen, wie sie ihre Wälder behandeln sollen und sie für Missmanagement zu bestrafen.

Das ist ein gutes Modell, und eines, das meiner Meinung nach viel breiter und mit viel größeren Befugnissen übernommen werden sollte.

Meine Hoffnung ist, dass wir in Zukunft eine große Truppe von gut ausgebildeten und gut bezahlten Förstern beschäftigen, die sich um den Wald und die landwirtschaftlichen Flächen kümmern, kontrollieren, dass die Landwirte Tiere und Ökosysteme gut behandeln, und die Landwirte ausbilden und schulen.

Das bedeutet nicht, dass Bauern schlechte Menschen sind. Nein, Landwirte stehen heute unter starkem Druck, Gewinn zu machen, während viele große Unternehmen sie ausnutzen.

Viele Landwirte sind in Schulden gefangen, die sie nie abbezahlen können, weil die riesigen Konzerne, die ihre Produkte kaufen, sie zwingen, immer mehr Schulden aufzunehmen, während sie immer weniger Geld zahlen.

Die Regierungen verschlimmern das Leben der Bauern, indem sie die zerstörerischen Praktiken unterstützen und oft nachhaltige Praktiken bestrafen oder einfach nicht bezuschussen.

Alles in allem ist meine Erfahrung, dass die meisten Landwirte nachhaltig arbeiten wollen; sie sehen nur oft keinen Weg, um die Umstellung zu schaffen und zu überleben.

Ich denke, das Problem liegt darin, wie wir Landwirte sehen.

Wir behandeln alle Landwirte, als wären sie kleine Unternehmen, setzen sie dem gleichen Druck aus wie jede andere Industrie und hoffen dann das Beste.

Die Landwirtschaft ist etwas ganz anderes als der Bau von Autos, die Herstellung von Telefonen oder der Betrieb eines Einzelhandelsgeschäfts.
Landwirte produzieren nicht nur die Lebensmittel, die wir zum Überleben brauchen, sondern sie sind auch für große Teile des Ökosystems unseres Planeten verantwortlich.

Das sind Dinge, die wir nicht einem Markt unterwerfen sollten. Der bessere Weg ist, die Bauern zu Verwaltern des Landes zu machen. Heute müssen viele Kleinbauern entweder ihren Betrieb aufgeben oder das Land im Nebenerwerb bewirtschaften. Diese kleinen Betriebe sind wichtig, denn nur eine kleine, vielfältige Landwirtschaft kann nachhaltig sein.

Deshalb sollten wir meiner Meinung nach jedem Landwirt die Möglichkeit bieten, aus dem Hamsterrad auszusteigen. Wir sollten eine Treuhandgesellschaft gründen, die einfach Maschinen und Schulden von Landwirten kauft, die dazu bereit sind, und dann dem Landwirt ein anständiges Gehalt bietet.

Auf diese Weise können sich die Bauern darauf konzentrieren, das Land nachhaltig zu bewirtschaften und Lebensmittel zu produzieren, ohne schlaflose Nächte und tonnenweise Schulden.
Das gibt auch uns, den demokratischen Eigentümern des Fonds, die Möglichkeit, die Ressourcen besser zu verteilen. Da ein großer Teil der Lebensmittelproduktion vom Fonds bezahlt wird, können wir dann entscheiden, welcher Teil an den freien Markt geht und welcher Teil direkt an bedürftige Menschen verteilt wird.

Meine Vision für die Zukunft der Landwirtschaft ist, dass wir uns endlich als die Verwalter des Landes sehen, nicht als die Könige. Wir müssen die Natur respektieren und mit ihr arbeiten, nicht gegen sie.

In der Nähe meiner Heimatstadt liegt der Krameterhof, ein Permakulturbetrieb der Familie Holzer. Das Beeindruckende an diesem Hof ist, dass so etwas eigentlich unmöglich sein sollte.
Der Hof liegt am Hang eines Berges zwischen 1100m und 1500m über dem Meeresspiegel und zudem mitten in einer der kältesten Regionen Österreichs. Die Gegend wird oft als "österreichisches Sibirien" bezeichnet.
Rund um den Krameterhof gibt es Kiefern- und Fichtenwälder, und es ist der allgemeine Glauben, dass das alles ist, was dort angebaut werden kann.
Und doch werden auf dem Krameterhof Gemüse, Feldfrüchte, Obst und sogar etwas Tabak angebaut, alles mit sehr wenig Maschinen, wenigen Arbeitern und extrem hohen Erträgen.

Das zeigt, wie dumm wir Menschen in unserem Erfindungsreichtum sein können. Wir bauen verrückte Landmaschinen und entwickeln immer stärkere Pestizide, um die Erträge zu steigern. Dann stoßen wir auf Probleme wie Superbugs, Dürren, Erosion usw. und denken uns wiederum komplizierte Lösungen aus, um all diese Probleme anzugehen. Was jedoch niemandem einfällt, ist die einfache Lösung...

Zurückzutreten, die Natur ihre Arbeit machen zu lassen und sie zu unterstützen, wo es möglich ist.

Sepp Holzer, der pensionierte Chef des Krameterhofs und einer der weltweit führenden Experten für Permakultur, regenerative Landwirtschaft und Wassermanagement, sagt oft folgendes:
"Man kann die Natur nicht verbessern."

Als ich diesen Satz zum ersten Mal hörte, rief der Ingenieur in mir sofort: "Natürlich können wir das, wir Menschen sind ja so schlau..."
Beim Nachdenken darüber wurde mir jedoch klar, dass das stimmt. Die besten Leistungen in der Ingenieurskunst passieren normalerweise, wenn das Design die Natur kopiert.
Und was die Künstliche Intelligenz zeigt, ist, dass das beste Computerprogramm nicht geschrieben, sondern gelernt wird, indem es die Natur und die Evolution imitiert.
Ich habe einmal in einem Lehrbuch zu diesem Thema gelesen:
"Egal wie schlau Sie sind, wenn Sie ein gutes evolutionäres System entwerfen, ist das Ergebnis nach ein paar tausend Generationen besser als das beste System, das Sie selbst entwerfen könnten. Selbst wenn Sie also ein allmächtiger, allwissender Gott wären, würden Sie immer noch die Evolution der Schöpfung vorziehen."

Leider habe ich vergessen, von wem das Buch war und wie der Titel lautete, und ich paraphrasiere auf jeden Fall. Dennoch ist dies eine der tiefgründigsten Aussagen, die ich je gehört habe, und sie stimmt auf so vielen Ebenen.

Wir Menschen müssen von unserem hohen Ross herunterkommen, unsere Überheblichkeit ablegen und endlich akzeptieren, dass wir mit der Natur arbeiten müssen, nicht gegen sie. Man kann die Physik nicht besiegen; man kann sie nur nutzen.

Wenn ich mir also die Welt in hundert Jahren vorstelle, sehe ich ehemaliges Grasland, Wüsten und entwaldetes Land, das durch die Wiederherstellung natürlicher Wasserkreisläufe, Terrassierung, Permakultur-Landwirtschaft, Auswilderung, etc. wiederbelebt worden ist.

Unsere Infrastruktur ist nachhaltig, gebaut, um sich in das Ökosystem zu integrieren, nicht um es zu zerstören, und unser Lebensstil ist auf Effizienz ausgerichtet, nicht auf Konsum.

Im nächsten Kapitel werde ich versuchen, Ihnen eine Sci-Fi-Vorahnung der Zukunft zu geben.

Sind Sie bereit?

"In hundert Jahren wird es keine Rolle mehr spielen, wie hoch mein Kontostand war, in welchem Haus ich wohnte oder welches Auto ich fuhr... aber die Welt wird vielleicht anders sein, weil ich im Leben eines Kindes wichtig war."
— **Forest E. Witcraft**

Kapitel 20 - Eine zukünftige Welt

Viele Menschen haben versucht, die Zukunft vorherzusagen. Einige der größten Sci-Fi-Autoren waren in vielen Dingen ziemlich treffsicher. Allerdings haben sie alle etwas gründlich falsch prophezeit.

Warum ist das so?

Die Zukunft hängt von vielen verschiedenen Variablen und Entscheidungen ab und ist unmöglich vorherzusagen. Einige Technologien können wir seit Jahrzehnten klar kommen sehen. Andere passieren einfach. Und viele andere, die scheinbar gleich um die Ecke sind, brauchen Jahrzehnte oder Jahrhunderte länger als erwartet.

Das Hauptproblem bei der Vorhersage der Zukunft sind unsere Ziele und Werte. Viele Ideen, die vor 100 Jahren großartig klangen, würden heute als dystopisch angesehen werden, während andere Visionen in Vergessenheit geraten, weil sie zu schwierig zu erreichen scheinen.
Wie ein Elefant, der als Kind an eine Stange gebunden wird, merken wir oft nicht, wie stark wir gewachsen sind und dass das, was uns vor Jahren zurückhielt, nur noch in unseren Köpfen existiert.

Betrachten Sie also alles in diesem Kapitel mit Augenmaß. Es geht darum, zu inspirieren, nicht darum, alles richtig zu machen. Wir sollten versuchen, Visionäre zu sein, keine Hellseher.

Stellen Sie sich vor, dass ich eine Zeitmaschine erfunden habe und bereits eine Weile in der Zukunft lebe. Jetzt nehme ich Sie mit durch die Zeit in die Zukunft, um Sie herumzuführen.

Es ist ein schöner Frühlingstag irgendwo in Europa.
Welches Jahr ist nicht so wichtig, sagen wir 2121.
Wir sitzen auf einer Parkbank und beobachten die Vögel, die am Himmel herumschwirren. Sie schauen sich die Landschaft an.
Wir befinden uns mitten in einer geschäftigen Metropole, und doch sieht sie für Ihre Augen des 21. Jahrhunderts völlig fremd aus.
Wo einst Parkplätze waren, stehen jetzt Bäume, Büsche und Wildblumen. Bienen summen in der warmen Brise, und sogar ein Hase hoppelt über den Weg.

Straßen aus Asphalt sind durch Wege aus Schotter, weichem Moos und bodendeckenden Pflanzen ersetzt worden.
Die Fassaden der Gebäude sind mit Pflanzen und Algenfarmen bedeckt, die Fenster sind nun transparente Solarpaneele.

Beeindruckt von dieser Szene stehen Sie auf und gehen auf eine große Blume zu, auf der sich ein Schmetterling ausruht. Sie sind so gefesselt von der Szene, dass Sie fast mit einem kleinen Wagen zusammenstoßen.
In letzter Sekunde bremst der fahrerlose Wagen und weicht aus, um einen Zusammenstoß zu vermeiden.

Nach einem kurzen Schock erholen Sie sich und sehen, dass der Wagen vor unserer Parkbank angehalten hat und sein Verdeck geöffnet hat. Dort stehen zwei Teller mit frischen, warmen Croissants und zwei Tassen mit frisch gebrühtem, heißem Kaffee. Ich habe uns ein Frühstück bestellt.

Wir genießen die Mahlzeit, während wir die Allee hinuntergehen, und nehmen ab und zu einen Schluck aus unseren Tassen. Der Wagen rollt geduldig zwischen uns hin und her und bietet uns einen lautlosen rollenden Tisch, auf dem wir unsere Tassen zwischen den Schlucken abstellen können.

Vom Park mit seinen schönen schmalen Wegen biegen wir links auf eine größere Hauptstraße ab. Dort gibt es mehrere Fahrradwege und weiche Pfade zum Laufen und Gehen. Über uns befindet sich ein transparentes Dach aus Solarzellen, das sich über unseren sich bewegenden Körpern entweder durchsichtig oder undurchsichtig machen kann, je nachdem, ob wir Schatten oder Sonne wünschen.

Und obwohl diese schöne Allee perfekt für einen schönen Spaziergang ist, wollen wir heute schneller vorankommen, also überqueren wir die Straße und betreten ein Gebäude. Das Gebäude ist eine kleine Glaskabine mit einem Blumenbeet als Dach. Im Inneren der Kabine befindet sich nur ein Aufzug.
Der Aufzug bringt uns nach unten in ein unterirdisches Terminal, wo ein Auto auf uns wartet.

Aber "Auto" ist natürlich das falsche Wort. Es ist vielmehr ein rollender Aufenthaltsraum.

Wir betreten die Kabine, die Türen schließen sich hinter uns. Sofort verwandeln sich die Innenwände des Wagens in eine wunderschöne Naturkulisse. Statt des Inneren eines Tunnels sehen wir einen Blick auf die Stadt von oben. Während wir also mit Hunderten von Kilometern pro Stunde durch den Untergrund rasen, sehen wir, was sich Hunderte von Metern über unseren Köpfen abspielt, sodass wir die schöne Stadt genießen können.

Aus der Vogelperspektive fällt Ihnen auf, dass die Stadt ganz anders aussieht, als Sie sie in Erinnerung haben. Alles ist eine Mischung aus Grün und Glas. Die grauen Flecken aus Asphalt, die früher Straßen und Parkplätze waren, sind verschwunden. Die gesamte Fläche zwischen den Gebäuden sieht aus wie ein riesiger Park, und auch die Gebäude selbst sehen nicht mehr so aus wie zu Ihrer Zeit.

Nach ein paar Minuten erreichen wir unser Ziel. Wir verlassen den Tunnel durch einen Aufzug, der dem, durch den wir gekommen sind, sehr ähnlich ist, nur dass wir uns diesmal in der Lobby eines hohen Gebäudes befinden. Wenn man nach oben blickt, sieht man geschossweise überdachte Balkone und Grünanlagen. Gläserne Aufzüge bringen uns in den 150. Stock, wo sich meine Wohnung befindet.

Als wir uns der Tür nähern, bemerken Sie, dass es an der Außenseite keine Klinke gibt. Als wir ein paar Schritte von der Tür entfernt sind, öffnet sie sich automatisch, denn sie erkennt mein Gesicht und gibt den Blick auf den Flur frei.

Es ist nur eine kleine Wohnung. Ein Wohnzimmer mit zwei bequemen Sesseln und ein Schlafzimmer, das tagsüber als Homeoffice dient. Mehr brauche ich eigentlich nicht. Ein kleiner Raum links vom Eingang dient als kombinierte Dusche und Toilette.
Auf den ersten Blick erscheint Ihnen das seltsam, nun, das war es auch für mich, zunächst. Ich habe früher in einem Haus mit großem Garten gewohnt, das ich mir hart erarbeitet habe, und konnte mir 2021 nicht wirklich vorstellen, jemals in einem Hochhaus mitten in einer Riesenstadt zu leben. Ich war immer ein Landkind.
Der Grund, warum ich zu diesem Lebensstil wechselte, war einfach: Ich brauchte kein großes Haus mehr. Vor hundert Jahren, im 21. Jahrhundert, war mein Haus hauptsächlich ein Aufbewahrungsort, an dem ich all die Dinge aufbewahrte, die ich einmal in der Woche, einmal im Monat, vielleicht einmal im Jahr oder noch seltener benutzte.

Die einzigen Dinge, die ich wirklich täglich nutzte, waren mein Telefon, mein Computer, mein Tablet und Notwendigkeiten wie Besteck, Kaffeemaschine usw. Oh, und meine Laufschuhe.
Alles andere waren ganz bestimmte Dinge, z. B. für die Gartenarbeit, das Putzen oder gelegentliche Fitnessübungen, und eine Menge jahreszeitlich bedingter Dinge, wie Weihnachtsdekoration und so weiter. Diese Sachen werden nicht mehr benötigt. Jeden zweiten Tag kommt ein Roboter in meine Wohnung und räumt auf, kümmert sich um die Pflanzen, usw.

Ich koche nicht einmal mehr Essen. Ich habe wirklich gerne gekocht, deshalb war das eines der schwierigsten Dinge, die ich loslassen musste, und bis heute gehe ich gelegentlich mit meiner Frau in ein Restaurant, in dem man selbst kochen kann; solche Lokale sind heutzutage recht häufig.
Die meiste Zeit jedoch bestelle ich einfach nur Essen. Im Keller des Wohnhauses, in dem ich wohne, steht eine Roboterküche, die mir jedes beliebige Essen zubereitet. Sie kann Rezepte von den größten Köchen der Welt nachkochen, oder sie kann meine eigenen Rezepte zubereiten. Sie schafft es sogar, mir meine Lieblingsspeisen genauso zu kochen, wie meine Großmutter sie zubereitet hat, eine Leistung, die ich selbst nie vollbracht habe.

Auf den ersten Blick mag diese Zukunft für Sie dystopisch klingen.

Glauben Sie mir, sie ist das Gegenteil. Nach einem Konsumrausch zu Beginn des 21. Jahrhunderts hatte die Menschheit langsam die Nase voll von diesem Lebensmodell, und wir haben uns darauf besonnen, was wirklich wichtig ist.

Denken Sie darüber nach.

Was ist das Ziel des Konsums? Es kommt immer eine neuere, glänzendere Sache auf den Markt, die Sie nicht besitzen und die Sie kaufen wollen. Für jedes Haus, das Sie kaufen, gibt es ein größeres, schöneres Haus, nach dem Sie sich sehnen. Für jedes Auto, das Sie besitzen, gibt es Hunderte von schönen Autos, die Sie nicht besitzen.

Ist es wirklich der Sinn Ihres Lebens, immer härter zu arbeiten, immer länger zu arbeiten und immer mehr Zeug zu kaufen, bis Sie keine Zeit mehr haben, das Zeug tatsächlich zu benutzen?

Was ist ein altes Spielzeug in einer ungeöffneten Schachtel?
Sammler werden sagen: "Es ist selten und wertvoll." Aber in Wirklichkeit ist es eine Verschwendung von Ressourcen. Ein Spielzeug, das nicht gespielt wird, ist ein Spielzeug, das seinen Zweck im "Leben" verfehlt hat.

In den 2020er Jahren waren wir wie diese Spielzeuge.

Verlassen wir für einen Moment die Zukunft:
Denken Sie bitte darüber nach, was ich gerade gesagt habe. Es gibt so viele grandiose Dinge, die wir tun können, wenn wir uns auf einen Zweck konzentrieren, nicht auf Besitz.

Aber was ist mein Zweck? Das könnten Sie fragen. Gute Frage. Ursprünglich wollte ich mir das für ein anderes Buch aufheben, aber ich denke, ich muss es hier zumindest kurz ansprechen.

Ein Lebenszweck ist etwas, das Sie erschaffen, und nur Sie können es für sich selbst erschaffen. Es ist Ihr Geburtsrecht und Ihre Pflicht.
Sie mögen versucht sein, dem Traum, der Vision und der Bestimmung von jemand anderem zu folgen, aber es wird niemals Ihre Bestimmung sein.

Wenn Sie dem Zweck eines anderen nachjagen und sich nicht die Mühe machen, Ihren eigenen Lebenszweck zu erschaffen und zu entdecken, werden Sie das irgendwann zutiefst bedauern.

Gehen wir also zurück in die Zukunft, wo die Menschheit diese Dinge herausgefunden hat.

Die 2050er bis 2080er Jahre waren eine harte Zeit für die Menschheit. Wir hatten begonnen, uns langsam zu verändern, wir waren uns der meisten der drängenden ökologischen Probleme bewusst, aber wir hatten noch nicht die richtige Strategie herausgefunden.

Seit den 2020er Jahren kämpften verschiedene Denkschulen darum, das alte System zu ersetzen, und das alte System schlug zurück.

Die erste der neuen Bewegungen war die "Rückkehr zum Beteiligungskapitalismus", ausgelöst durch das Weltwirtschaftsforum und unter der Flagge des Great Reset segelnd.
Diese Bewegung zeichnete sich durch ihre Nostalgie für den Wirtschaftsboom der 1950er Jahre aus. Wie die meisten nostalgischen Bewegungen sprach sie viele Menschen an, auch wenn ihre Pläne nichts mit der Geschichte zu tun hatten.
Wie Populisten und Faschisten in der Geschichte übertrieben die Führer dieser Bewegung die rosigen Aspekte der Vergangenheit und ließen die negativen weg. Viele logen auch über die historischen Bedingungen, die zu den Erfolgen der Vergangenheit führten, oder interpretierten sie falsch.

Am Ende entpuppte sich die Bewegung als nichts anderes als ein elitärer Versuch, die Macht zu ergreifen und die Massen zu kontrollieren.
Glücklicherweise scheiterte sie, aber nur fast.[41]

Eine andere Bewegung war die neue Welle des Libertarismus/Neoliberalismus. Die Vertreter dieser Denkschule erstellten verdrehte Analysen der Geschichte des Kapitalismus und schoben alles, was seit Nixon, der die USA vom Goldstandard befreite, schieflief, auf zu viel Regierung und Regulierung, während sie in Wirklichkeit, spätestens seit Reagan, selbst an der Macht waren und die Politik gestalteten. Und als der Markt im Laufe der Zeit immer unregulierter wurde.
Ihre Hauptstrategie war es, falsch darzustellen, was ein freier Markt ist.
Ich habe die verschiedenen Definitionen eines freien Marktes bereits weiter oben in diesem Buch diskutiert, und der Hauptpunkt war, dass alle freien Märkte durch Angebot und Nachfrage gekennzeichnet sind, wobei ein preisbasiertes Haushaltsgleichgewicht angestrebt wird. Die Neo-Libs des 21. Jahrhunderts verdrehen dies gerne. Sie verkünden, dass sie für den freien Markt sind, was

---

[41] Sollten Sie ein Sympathisant dieser Bewegung sein, so bedenken Sie bitte, dass die reichen und mächtigen Menschen auf dem World Economic Forum nicht Ihr Bestes im Sinn haben, zumindest die Meisten.
Alles was dieser nostalgische "Reset" in Wahrheit ist, ist ein verzweifelter Versuch Sie einzulullen und Ihnen heimlich Ihre Rechte zu nehmen.
Es handelt sich hier um ein goldenes Trojanisches Pferd. Fallen Sie nicht darauf herein.

"für Angebot und Nachfrage" bedeutet, wenn sie nach einer technischen Definition gefragt werden, aber im nächsten Satz wechseln sie zu einer "Was-auch-immer-mich-reich-macht" Interpretation.

Eine solche Doppelzüngigkeit wird zum Beispiel zur Verteidigung von Leerverkäufen verwendet. Wenn Sie mit dem Begriff nicht vertraut sind: Ein Leerverkauf ist, wenn Sie sich eine Aktie leihen und sie dann verkaufen.

Libertäre behaupten, dies sei ein sehr wichtiges Instrument des freien Marktes, weil es hilft, schwache Unternehmen schneller auszusortieren.

Nun, das mag wahr sein, aber wo in der Definition des freien Marktes steht: "Ein freier Markt wird daran gemessen, wie schnell er schwächelnde Unternehmen tötet"?

Zumindest habe ich noch nie eine solche Definition gesehen. Ich würde sogar argumentieren, dass ein Leerverkauf per Definition GEGEN einen freien Markt ist.

Und warum?

Weil eine Aktie, die man ausleiht, eine Aktie ist, die man nicht verkaufen will, also ist sie nicht Teil des Angebots. Wenn der Verleiher dann die Aktie verkauft, wird das Angebot künstlich vergrößert. Dies führt zu einem Ungleichgewicht in der Balance von Angebot und Nachfrage und letztlich zu einem Zusammenbruch der Prinzipien des freien Marktes.

Es gibt noch ein weiteres praktisches Problem mit Leerverkäufen. Betrachten wir ein einfaches Beispiel. Das Unternehmen "Shorty Shorts" hat 10 Aktien. Sechs der Aktien sind im Besitz des Gründers, und vier werden regelmäßig an der Börse gehandelt.

Nun hat der Eigentümer ein Liquiditätsproblem und beschließt, seine Aktien zu verleihen, um etwas Bargeld zu erhalten. Ein tatsächlicher Verkauf der Aktien kommt nicht in Frage, da er lieber sein letztes Hemd verlieren würde als die Kontrolle über sein Unternehmen.
Nun ergattert ein Händler fünf dieser geliehenen Aktien und verkauft sie an einen Kunden, in der Hoffnung, sie in Zukunft billiger zurückkaufen zu können. Der Kunde entpuppt sich als Konkurrent des Unternehmens, also kauft er die Aktien in der Absicht, den Konkurrenten zu übernehmen. Nun haben wir ein Problem. Der Konkurrent besitzt rechtlich fünf Aktien oder 50% des Unternehmens; der Gründer merkt das und will seine Aktien zurück. Aber es sind nur vier Aktien im Umlauf... nicht so gut.

Und das ist noch nicht einmal der schlimmste Fall.

Wir leben heute in einem Zeitalter des Handels im Mikrosekundenbereich, in dem Aktien mehrmals pro Sekunde den Besitzer wechseln, während die Leihdauer von Aktien Tage oder sogar länger sein kann.
Im obigen Beispiel leiht sich also Händler A fünf Aktien, verkauft sie an Händler B, der wiederum die Aktien an Händler C ausleiht, der wiederum die Aktien an Händler D ausleiht, und so weiter...

Durch diese Kettenreaktion kann es in kürzester Zeit zu einer Explosion der Anzahl der zum Verkauf stehenden Aktien kommen, die die Anzahl der vorhandenen Aktien bei weitem übersteigt. Das ist nicht nur eine grobe Marktmanipulation, sondern kann dazu führen, dass eine Aktie plötzlich mehrere rechtmäßige Besitzer hat. Keine

Situation, die ich als "wünschenswert" bezeichnen würde.

Also haben Aktivisten in meinem Best-Case-Szenario natürlich so lange auf diese Widersprüche hingewiesen, bis sich in den Mainstream-Medien fast niemand mehr traute, diese Lügen zu verbreiten, und die neoliberale Illusion zerbröselte.

Das öffnete natürlich die Tür für die dritte Gruppe, die Sozialisten. Sie sind die sympathischste des Trios. Sie haben einen klaren moralischen Kompass und eine hohe Ambition für die Menschheit.
Ihr Instrumentarium ist jedoch etwas eingerostet. Sicher, sie haben neue Ideen wie Wolffs Democracy@Work, aber insgesamt ist ihre Bewegung veraltet. Die einzigen Werkzeuge, die sie sich für die Umverteilung vorstellen können, sind Steuern, Steuern, Steuern. Ihr Ideal ist der Arbeiter, auch wenn diese Klasse heutzutage selten ist.
Verstehen Sie mich nicht falsch, ich bewundere Richard Wolff sehr, und der Demokratische Kapitalismus ist teilweise von seiner Arbeit inspiriert.
Wo seine Ideen meiner Meinung nach zu kurz greifen, ist, wenn wir die Technologien und Trends betrachten, die zu Beginn des 21. Jahrhunderts aufeinandertreffen.
In seinem Modell sollten die Arbeiter die Unternehmen besitzen, in denen sie arbeiten. Das ist aus zwei Gründen problematisch.

Der erste ist, dass für eine wirklich demokratische Wirtschaft das Wahlrecht für jeden in jedem

Unternehmen offen sein muss, nicht nur für die Mitarbeiter.

Zweitens scheint Wolff sich eine Zukunft vorzustellen, in der das Einkommen immer noch von der Arbeit abhängig ist. Dies ist weder der Wunsch, den ich für unsere Zukunft habe, noch ein Zustand, der wahrscheinlich eintreten wird.

Und selbst große visionäre Werke wie Yanis Varoufakis' *„Another Now"* greifen in dieser Hinsicht zu kurz.

Meine Vision ist nicht neu, aber leider ist sie spät dran. Bereits in den 1950er Jahren stellten wir uns eine Zukunft vor, in der die Automatisierung es uns ermöglichen würde, immer kürzer zu arbeiten und mehr Zeit zu haben, um kreativ zu sein, soziale Kontakte zu pflegen, etc.

Leider stoppte dieser Trend bei einer 5-Tage- und 40-Stunden-Woche und hat sich in letzter Zeit wieder umgekehrt.

Wenn man darüber nachdenkt, ist das erstaunlich. Wie kann es sein, dass die Produktivität steigt, die Zahl der Erwachsenen in der Erwerbsbevölkerung zunimmt und die Arbeitszeiten gleichzeitig steigen?

Wo geht all diese Produktivität hin?

Ein Teil davon geht in "Bullshit-Jobs". Damit meine ich Jobs, die absolut keinen Wert für die Gesellschaft und die Wirtschaft darstellen. Beispiele sind:
- Steuerberater
- Steueranwälte

- Steuerkontrolleure
- Bürokraten (nicht alle, aber viele)
- Fließbandarbeiter (falls ihre Arbeit leicht automatisiert werden kann)
- Und viele mehr

Der andere Teil wird für die Herstellung sinnloser Güter verschwendet, die unter anderem sind:
- Billige Einwegartikel
- Produkte von geringer Qualität
- Artikel mit kurzer Nutzungsdauer (z.B. Kleidung, die nach ein paar Monaten des Tragens auseinanderfällt, Elektronik, die weniger als drei Jahre hält, usw.)
- Geplante Obsoleszenz-Artikel (Produkte mit eingebauten Schwachstellen zur Begrenzung der Nutzungsdauer)
- Überspezialisierte Konsumgüter (öffnen Sie Ihre unterste Küchenschublade, um zu wissen, wovon ich spreche)

In den nächsten 100 Jahren wird die Verschmelzung von Künstlicher Intelligenz, Batterietechnologie und Robotik es uns ermöglichen, all den Wohlstand und Komfort zu produzieren, den wir heute haben, während wir nur einen Bruchteil der Arbeitskräfte benötigen.
Wir können also entweder versuchen, noch mehr Bullshit-Jobs zu schaffen, immer mehr sinnloses Zeug zu konsumieren und diesen Planeten in Schutt und Asche zu legen.

Oder neue Wege finden, unser Konsum- und Arbeitsleben zu strukturieren...

In meinem Szenario haben wir uns glücklicherweise für die letztere Option entschieden und den Fonds genutzt, um Einkommen und Arbeit zu entkoppeln.

Während produktivere, innovativere und unternehmerisch denkende Menschen auch in der zweiten Hälfte des 21. und zu Beginn des 22. Jahrhunderts noch überdurchschnittlich viel verdienen, stellt das Grundeinkommen sicher, dass alle Menschen vom Fortschritt profitieren.

Dies ermöglicht es uns, weniger Stunden mit uninspirierender Arbeit zu verbringen und mehr Zeit damit zu verbringen, Sinn zu schaffen. Es verändert auch unsere Verhaltensweisen.

In der Vergangenheit haben wir reflexartig Waren gekauft. Wir sehen eine Anzeige für einen neuen "Schnell abnehmen"-Hometrainer und bestellen ihn. Dann vergessen wir ihn im Gästezimmer, nachdem wir ihn zweimal benutzt haben, und werfen ihn fünf Jahre später weg.

Da wir mehr Zeit von der Arbeit frei haben, haben wir jetzt mehr Zeit, den Müll und das Durcheinander in unserem Zuhause zu bewundern und uns daran zu stören. Außerdem haben wir jetzt mehr Zeit, um auszugehen, Leute zu treffen und etwas in Fitnessstudios, Gemeindezentren, Parks usw. zu unternehmen.

Mit der Zeit verliert unser Zuhause dadurch an Bedeutung. Vor der industriellen Revolution verbrachten unsere Vorfahren die meiste Zeit ihrer Freizeit mit Freunden und Familie oder arbeiteten für die

Gemeinschaft. Häuser waren oft nur Orte zum Schlafen oder um Regentage zu verbringen.

Das erfährt in den 2050er Jahren eine Renaissance.

Wenn man genug Geld und Zeit hat, um sich keine Gedanken darüber zu machen, wie viel Monat am Ende des Gehaltsschecks übrigbleibt und ob man noch einen vierten Job in seinen Zeitplan einbauen kann, passieren seltsame Dinge.

Besitztümer werden weniger bedeutsam.

Wenn Sie von 5 Uhr morgens bis 20 Uhr abends arbeiten, sich dann mit Ihren Kollegen zum Abendessen treffen und den Abend mit der Beantwortung von Arbeits-E-Mails beenden, ist das Drücken des Kauf-Buttons auf Amazon die Hauptquelle für Dopamin in Ihrem Tag.
Sobald Sie Ihre Arbeitszeit auf 4x4 Stunden pro Woche oder weniger reduzieren, haben Sie Zeit und Energie, sich anderweitig zu vergnügen.
Jetzt haben Sie Zeit, all die Dinge zu tun, die Sie schon immer einmal richtig machen wollten. Anstatt zwischen dem 11-Uhr-Zoom-Meeting und dem Mittagessen eine spaßlose Einheit auf dem Crosstrainer einzupauken, haben Sie jetzt die Zeit, in den Park zu gehen und dort einen schönen Spaziergang zu machen oder zu joggen. Wo Sie früher auf Tiefkühlmist angewiesen waren, um sich zu ernähren, haben Sie jetzt Zeit und Geld, um zu kochen oder in einem schönen Restaurant zu essen.

Mit der Zeit verändert dies unser Gefühl für Status und Statussymbole.

Im Jahr 2121 kümmert sich fast niemand mehr um Besitztümer. Alles muss langlebig und von höchster Qualität sein und wird daher gerne geteilt oder geliehen. Erleichtert wird dies dadurch, dass winzige Roboter inzwischen fast alle "schmutzigen" Arbeiten übernommen haben.

Sie müssen sich keine Sorgen machen, dass die Fitnessgeräte von dem haarigen Typen, der vor Ihnen trainiert hat, schmutzig hinterlassen wurden, denn die Geräte werden zwischen jedem Benutzer gereinigt und desinfiziert. Und wenn Sie nicht im Fitnessstudio trainieren wollen, können Sie einfach in einer autonomen Kabine trainieren, die die Trainingsgeräte, die Sie für die heutige Routine benötigen, an Bord hat. Man kann sogar auf dem Weg zur Arbeit, in den Park oder anderswo trainieren und kommt dann frisch geduscht und frisch angezogen an.

Das alles mag für Sie natürlich sehr seltsam klingen, sodass es verständlich ist, dass Sie dies bei einer weiteren Tasse Kaffee verarbeiten wollen. Setzen wir uns auf den Balkon, genießen wir das Koffein und die herrliche Aussicht. Haben Sie noch Fragen? Wäre merkwürdig, wenn Sie keine hätten.

Wie haben wir das alles finanziert? Diese ganze neue Infrastruktur muss doch horrend teuer gewesen sein...

Nun, natürlich war sie das. Andererseits war es das aber auch nicht. Als wir den Fonds Anfang der 2030er Jahre auf internationaler Ebene gründeten, erzwangen die Befürworter, externe und ökologische Kosten einzupreisen. Dadurch wurde die Art, wie wir lebten, sehr schnell unvorstellbar teuer und die Alternative im Vergleich dazu billig.

Auch die "Wir können uns Nachhaltigkeit nicht leisten"-Ausrede bröckelte in den späten 2020er Jahren, als ein Korruptionsskandal nach dem anderen die wahre Natur des Neoliberalismus offenbarte.

Die Bankenkrisen haben auch geholfen. Genauso wie Kryptowährungen.

Im Jahr 2025 führte die chinesische Regierung ihre neue digitale Währung ein und schockierte die Welt mit der Enthüllung, dass sie im Laufe der Jahre eine beträchtliche Menge an Bitcoin erworben hatte und nun die neue Währung damit stützen würde.

Dies überraschte die westlichen Regierungen. Sie hatten angenommen, dass China gegen dezentralisierte Währungen sei, und in der Tat waren sie das anfangs auch. Irgendwann gelang es klugen jungen Ingenieuren und Softwareentwicklern, die politische Führung davon zu überzeugen, dass in dieser Dezentralisierung große Macht liegt.

Das Hauptproblem im internationalen Handel ist Vertrauen. Wenn Sie etwas an eine andere Regierung verkaufen oder ihr etwas leihen, müssen Sie das Geschäft in einer bestimmten Währung abwickeln. In der frühen Geschichte hatten Gold und Silber die Funktion der Transferwährung. Aber wie bereits erwähnt, betrügen Länder gerne mit Gold, und für jede Transaktion Tonnen von Gold um den Planeten zu schleppen ist nicht gerade wirtschaftlich.

Wenn Sie jedoch die Währung eines anderen Landes verwenden, wie es mit dem Dollar im 20. Jahrhundert geschehen ist, dann sind Sie den Launen der Führung dieser Nation ausgesetzt. Es könnte sein, dass der Dollar aus dem Goldstandard herausgenommen wird und die Währung dann aufgebläht wird, um die Schulden zu begleichen. Das wäre nicht gut.

Wenn Sie jedoch eine dezentralisierte, öffentliche Währung wie Bitcoin als Referenz verwenden, kann der Deal nicht verfälscht werden. Als China dies erkannte, entschied es sich, das neue System anzunehmen, anstatt es zu bekämpfen, und brach so die dominante Stellung des Dollars.

Die daraus resultierende Finanzkrise im Westen war kurz, aber heftig. Als wir aus ihr herauskamen, waren jedoch alle Währungen durch Bitcoin gedeckt. Dies führte dazu, dass nationale Währungen an Bedeutung verloren. Solange man transparent wusste, wie viel Bitcoin hinter der leicht handelbaren Währung stand, war es einem egal. Dies führte dazu, dass viele nationale, lokalisierte und spezielle digitale Währungen entstanden, aber die Benutzer bemerkten meist nicht einmal, welche Währung sie benutzten; sie interessierten sich nur dafür, wie viele Satoshi[42] der Gegenstand oder die Dienstleistung kostete.

Mit dem Aufstieg der digitalen Währungen, sowohl der zentralen als auch der dezentralen, begann die Macht der traditionellen Banken zu schwinden, einige passten sich dem digitalen Banking und den Smart Contracts an, viele

---

[42] Ein Satoshi ist 0,00000001 Bitcoin

weitere starben oder wurden durch neue Fintech-Start-ups ersetzt.

Moment mal, warum gibt es immer noch Banken, hat Bill Gates nicht etwas in der Art gesagt: "Wir brauchen Banking, aber wir brauchen keine Banken?"

Das Bankwesen hat in den frühen 2020er Jahren aufgrund der Finanzkrise 2008 einen sehr schlechten Ruf. Und dieser schlechte Ruf ist verdient. Was wir später im 21. Jahrhundert herausgefunden haben, ist, dass die Menschen im 19. und 20. Jahrhundert nicht so dumm waren, ihr Gold in einem Banktresor zu lagern, anstatt unter ihren Fußbodenbrettern.

Eine digitale Währung ist großartig. Sich selbst darum kümmern zu müssen, ist es nicht. Die Aufbewahrung Ihrer digitalen Vermögenswerte auf einer persönlichen Hardware-Brieftasche oder einem Computer ist umständlich und gefährlich; jemand könnte Ihre Brieftasche, Ihr Passwort und Ihre Wiederherstellungsphrase stehlen. Oder Sie könnten sie einfach verlieren oder vergessen.

Sie brauchen also jemanden, dem Sie vertrauen, der sich für Sie darum kümmert und den Sie verklagen können, wenn er Ihr Vermögen verliert.

Eine weitere wichtige Funktion der Zentralbanken, die kein Geld mehr drucken müssen, ist es, sich um die nun digitalisierten Eigentumsregister, Ihre ID und biometrische Identifikation usw. zu kümmern. Für den

Fall, dass sich jemand für Sie ausgibt, sind sie da, um zu helfen.

Und da wir Menschen ein bisschen paranoid sind, wollen wir uns nicht nur auf die Zentralbanken verlassen, sondern auch auf private Institutionen, die Blockchain-Knoten auf Dingen wie den Aktien- und Immobilienregistern betreiben, um zu überprüfen, dass die Zentralbanken nicht betrügen.

Aber warum nutzen Sie nicht Ihre Biometrie, um alle Transaktionen zu legitimieren? Wenn Sie das mit jeder Person kombinieren, die ihren eigenen Blockchain-Knoten betreibt, könnten Sie viele Banken loswerden.

Das stimmt. Teilweise trifft das letzte Argument hier zu, aber es ist trotzdem richtig. Die Antwort ist einfach: Die menschliche Natur.

Wir wollen einfach nicht vollständig transparent sein. Und selbst wenn wir Verschlüsselungsmaßnahmen ergreifen, wenn wir etwas mit unseren biometrischen Daten legitimieren, besteht immer die Gefahr, dass es zurückverfolgt werden kann, und es gibt Dinge, die man einfach privat halten möchte.
Und bevor Sie aufschreien: "Das wird für Verbrechen benutzt!", bedenken Sie, dass es vielleicht ganz unschuldige Dinge gibt, von denen Sie nicht wollen, dass sie öffentlich bekannt werden. Vielleicht sind Sie heimlich schwul und wollen nicht, dass es jemand herausfindet, oder Sie sind ein starker, männlicher Politiker, der heimlich eine Sammlung von Barbiepuppen in seinem Keller hat. Es gibt Dinge, die man einfach privat halten

möchte, und ich denke, es ist unser Recht, Geheimnisse zu haben.

Deshalb ist es toll, dass es Banken gibt, die einem Wegwerfkonten zur Verfügung stellen, die ähnlich funktionieren wie die Wegwerfhandys der 2000er Jahre.

Sicher, diese werden manchmal für ruchlose Zwecke benutzt, aber das ist eine Best-Case-Zukunft, kein Paradies. Menschen bleiben Menschen.

Okay. Können Sie mir mehr über den Arbeitsplatz im 22. Jahrhundert erzählen? Mir haben die Visionen von Democracy@Work und Another Now sehr gut gefallen.

„Was bedeutet es eigentlich, ein Proletarier zu sein? [...] Es bedeutet, dass man ein Rädchen in einem Produktionsprozess ist, der sich auf das verlässt, was man tut und denkt, während er einen davon ausschließt, etwas anderes als sein Produkt zu sein. Es bedeutet das Ende der Souveränität, die Umwandlung allen Erfahrungswerts in Tauschwert, die endgültige Niederlage der Autonomie."
— **Yanis Varoufakis, Another Now - Nachrichten aus einer alternativen Gegenwart**

Kapitel 21 - Ein anderes Jetzt

Unterbrechen wir unsere Reise in die Zukunft hier für eine Minute und sprechen wir das neueste Buch von Yanis Varoufakis an. Ich bin schon lange von seinen Werken fasziniert, und obwohl wir nicht bei allen Themen übereinstimmen, scheinen wir ähnlich zu denken.

Er schrieb *"Another Now"* zur gleichen Zeit, als ich begann, dieses Buch zu schreiben. Er war jedoch schneller fertig. Im März 2021 sah ich also einen Vortrag von Yanis, der mich zum Nachdenken brachte: "Hm, er sieht die gleichen Probleme wie ich, aber ich verstehe seine Lösung nicht wirklich."

Also wagte ich es, ihm eine E-Mail zu schreiben, und zu meiner großen Überraschung antwortete er sehr schnell. Zu meiner Schande musste ich feststellen, dass ich sein neuestes Buch "Ein anderes Jetzt" nicht gelesen hatte und dass er darin viele meiner Fragen diskutiert.

Nur ein paar Stunden später hatte ich ein Drittel von *"Another Now"* gelesen und war erschüttert. Viele der Ideen waren so auffallend ähnlich zu meinen eigenen, dass ich nicht glauben konnte, dass wir diese Bücher unabhängig voneinander geschrieben hatten. Ich empfehle Ihnen also dringend, *"Another Now"* zu lesen.

In *"Another Now"* nimmt uns Herr Varoufakis mit auf eine Reise in das Jahr 2025, wo ein verrückter Wissenschaftler einen Weg entdeckt hat, mit einer anderen Version von sich selbst zu kommunizieren, einer Version, die in einem Paralleluniversum lebt, das unserem eigenen sehr ähnlich ist. Die parallele Realität hat sich nach der Finanzkrise 2008 von unserer eigenen Realität abgespalten und den Kapitalismus zusammenbrechen lassen, um durch eine moderne Version des Sozialismus ersetzt zu werden.[43]

In seinem Kern verwendet das neue System einen demokratischen Arbeitsplatz im Co-op-Stil, bei dem alle Anteile eines Unternehmens den Arbeitern gehören. Wenn Ihnen das bekannt vorkommt, habe ich dies bereits früher in diesem Buch als eine Option beschrieben. Der Unterschied zum Demokratischen Kapitalismus ist, dass nur die Mitarbeiter Aktien besitzen, die Öffentlichkeit nicht, und dass es keine Börsen mehr gibt, da die Aktien nicht handelbar sind. Stattdessen bekommt jeder Mitarbeiter eine Aktie, wenn er in ein Unternehmen eintritt.

Ich vermute, dass dieser Unterschied darauf zurückzuführen ist, dass Yanis kein Fan der Aktienmärkte ist, da er nach dem Crash von 2008 griechischer Finanzminister war, während ich vielen kapitalistischen Institutionen weit weniger kritisch gegenüberstehe und sie für sinnvoll halte, wenn das Umfeld und die Regeln stimmen.

---

[43] Im Ernst, lesen Sie das Buch, ich kann im hier unmöglich in der Kürze gerecht werden.

Sein Feedback auf meinen Entwurf[44] war recht positiv: "Ihre Idee ist gut, zumindest in der Übergangsphase."

Da ich ihm nur gesagt hatte, dass das Ziel des Demokratischen Kapitalismus sei, mindestens 50% der Aktien in öffentliche Hand zu bekommen, ist seine Kritik verständlich:
"Aber sie leidet an einer Schwäche: Wenn 50% der Aktien im kollektiven Besitz aller sind und der Rest wie jetzt in privater Hand ist, werden die Privaten die volle Kontrolle über die Unternehmensentscheidungen behalten – da die Demos, die die 50% besitzen, nicht an der Entscheidungsfindung teilnehmen können. Auf diese Weise wird zwar die Gesellschaft profitieren, aber die Macht wird in den Händen von sehr, sehr wenigen bleiben."

In den vorangegangenen Kapiteln dieses Buches bin ich bereits auf einen Teil dieser Kritik eingegangen, indem ich erklärt habe, wie wir Anreize für einen höheren Prozentsatz des Aktienbesitzes durch den Fonds schaffen können und dass, zumindest für die größten Unternehmen, ein 100%iger öffentlicher Besitz das Ziel ist. Ich habe auch angesprochen, wie die Öffentlichkeit die Blockchain nutzen kann, um sich an Unternehmensentscheidungen zu beteiligen, während den Gründern und Mitarbeitern immer noch Raum bleibt, die meisten der täglichen Entscheidungen zu kontrollieren.

---

[44] Oder zumindest die auf einen Elevator Pitch extrem verdichtete Version, die in eine E-Mail passen würde.

Ich denke, die beiden größten Unterschiede zwischen meinen Ideen und denen in *"Another Now"* sind erstens, dass Herr Varoufakis eine Revolution nutzt, um zu seiner Vision zu gelangen, während ich versuche, dies um jeden Preis zu vermeiden.
Das führt dazu, dass der Demokratische Kapitalismus viel mehr auf den Übergang fokussiert ist und viel mehr auf einen Konsens zwischen Kapitalisten und Sozialisten abzielt, während *"Another Now"* mehr auf das letztendliche Ziel einer sozialistischen Welt ausgerichtet ist.

Das führt zum zweiten Punkt:
Ich bin kein Sozialist.

Während ich mit vielen sozialistischen Ideen und Prinzipien übereinstimme, verurteile ich im Großen und Ganzen weder freie Märkte noch die kapitalistischen Prinzipien und Institutionen.
Ich möchte eine egalitäre Welt, in der jeder die gleichen Möglichkeiten und Privilegien hat, nicht eine, in der jeder gezwungen ist, gleich zu sein. Solange jeder genug zu essen, ein Dach über dem Kopf und Zugang zu medizinischer Versorgung etc. hat, sehe ich keine Probleme mit (hart erarbeiteter) finanzieller Ungleichheit.

Als ich das Konzept dieses Essays entwickelte, war ich hin- und hergerissen, ob ich es "Demokratische Wirtschaft" oder "Demokratischer Kapitalismus" nennen sollte.

Am Ende entschied ich mich, ihn "Best Case Scenario" zu nennen und "Demokratischer Kapitalismus" nur im Untertitel zu erwähnen.
Der Grund, warum ich das umstrittenere Wort "Kapitalismus" anstelle von "Wirtschaft" verwendet habe, ist, dass ich nicht möchte, dass dieses Buch als "sozialistisch" abgestempelt wird."[45]

Der Zweck dieses Buches ist es, die besten Ideen aus beiden Welten zu nehmen und sie zu einer perfekten Synthese zu verbinden. Da ich aus dem Kapitalismus komme, behalte ich jedoch die meisten der Kernprinzipien bei, die den Begriff in meinen Augen angemessener machen.

Außerdem ist das Szenario, das ich zeige, ausdrücklich nicht als harter Bruch mit der Vergangenheit gedacht. Der Übergang vom heutigen Raubtierkapitalismus zum demokratischen Kapitalismus sollte sanft und stetig, aber dennoch schnell erfolgen.
Dank des Klimawandels haben wir nicht mehr viel Zeit. Ich will also kein einmaliges Experiment durchführen, bei dem alles auseinandergenommen wird und man sich dann fragt, wie man es wieder zusammensetzen kann. Was mir vorschwebt, ist ein schrittweiser und flexibler Prozess, der auf die im vorigen Kapitel beschriebene Vision hinführt und Anreize schafft, aber genug Raum für die Gesellschaft lässt, um mehr oder weniger kapitalistische bzw. mehr oder weniger sozialistische Prinzipien einzubauen.

---

[45] Auch wenn es wahrscheinlich trotzdem so sein wird.

Das Best-Case-Szenario für das, was ich mir von diesem Buch erhoffe, ist, dass Sozialisten und Kapitalisten, Linke und Rechte, Junge und Alte zusammenkommen, es auseinandernehmen und dann daraus eine Vision für ein besseres Morgen formen.

Allein die Tatsache, dass Yanis Varoufakis Ideen vorgebracht hat, die meinen eigenen so unheimlich ähnlich sind, ungeachtet der Tatsache, dass ich mich als Kapitalist und er sich als Sozialist bezeichnet, gibt mir große Hoffnung. Am Ende sind Kapitalisten und Sozialisten vielleicht doch nicht so weit auseinander.

Um diesen Punkt weiter zu verdeutlichen, bin ich erst kürzlich über einen Artikel im Guardian gestolpert, der Yanis' Vision sogar als "demokratischen Sozialismus" bezeichnet.
Für mich sieht es also so aus, als ob unsere Visionen zwei Seiten derselben Medaille sind, und das Einzige, was noch zu tun ist, ist, dass Sozialisten und Kapitalisten diese beiden Ideen nehmen und einen Kompromiss zwischen ihnen ausarbeiten.

Kommen wir im nächsten Kapitel auf diese Zukunft zurück.

"Es gibt einen Klassenkampf, in Ordnung, aber es ist meine Klasse, die reiche Klasse, die den Krieg führt, und wir gewinnen."
— **Warren Buffett**

Kapitel 22 - Ende des Klassenkrieges

Als James Watt die ersten kommerziell nutzbaren Dampfmaschinen baute, ahnte er nicht, wohin seine Erfindung führen würde. Angetrieben von Kohlerauch und Hochdruck-Wasserdampf schoss die Weltwirtschaft in die Höhe wie ein explodierender Heizkessel. Innerhalb von zwei Jahrhunderten war die Menschheit so weit vorangeschritten, dass Lebensmittel im Überfluss vorhanden waren und selbst ein durchschnittlich wohlhabender Mensch über Luxus und Gebrauchsgegenstände verfügte, die sich Ludwig der XIV. niemals hätte vorstellen können.

Plötzlich ist nicht mehr die Hungersnot die größte Angst, sondern die Herzkrankheit. Die größte Gefahr, die die Menschen jetzt nachts wachhält, ist nicht der Wolf, der in der Ferne heult, sondern unser eigener Fortschritt, der diesen Planeten und unsere Lebensgrundlagen zerstört.

Bei allem, was wir erreicht haben, ist so viel schiefgelaufen.

Wie kann es sein, dass einige der ärmsten Menschen auf diesem Planeten verhungern, während andere tonnenweise Lebensmittel wegwerfen? Wie kommt es, dass ein armer Arbeiter in Bangladesch oder China unter Bedingungen arbeitet, die selbst ein feudalistischer Leibeigener nicht akzeptieren würde?

Warum haben wir diesen Klassenkrieg?

Die Antwort ist meiner Meinung nach sehr einfach. Die Menschheit ist von Natur aus eine hierarchische Spezies. Und Hierarchie ist ein Nullsummenspiel.

Sie steigen im Status auf, ich falle. Ich steige auf, Sie fallen.

Da Reichtum in einer kapitalistischen Gesellschaft direkt mit Macht und Status verbunden ist, denken und handeln wir so, als sei auch die Wirtschaft ein Nullsummenspiel. Was sie aber nicht ist.

Wenn ich die Effizienz von Kühlschränken um 10% verbessere, profitieren alle davon. Wenn wir zusammenarbeiten und sie um 20% verbessern, profitieren alle davon. Wenn wir konkurrieren und ich sie zuerst um 10% verbessere, dann Sie um 20% und ich dann um 30%, hat immer noch jeder den Vorteil, dass die Stromrechnung um ein Drittel reduziert wird.

In meinem 2121 nutzen wir dieses Prinzip in Perfektion aus.

Indem wir den Unternehmen immer mehr Vorteile bieten, je mehr sie demokratisieren, haben die Unternehmen einen Anreiz, zu kooperieren. Und da die Hürden für diese Vorteile mit der Größe des Unternehmens steigen, sind die größten Konzerne inzwischen komplett in öffentlicher Hand.
Das hat zu einer völlig anderen Art des Wettbewerbs geführt.

Wenn Sie eine großartige, revolutionäre Idee haben, versuchen Sie zunächst, die großen Unternehmen zur Mitarbeit zu bewegen, um sie auf den Markt zu bringen. Da Sie in einer zu 100 % demokratisierten Firma von jedem Penny profitieren, den diese Idee einbringt, haben Sie keine wirkliche Notwendigkeit, mit ihnen zu konkurrieren.

Das hat die Arbeitswelt komplett verändert. Die meisten Menschen sind unabhängige Freiberufler, die ständig mit verschiedenen Firmen und Teams zusammenarbeiten. Außerdem werden nur noch die kreativsten und lohnendsten Aufgaben von Menschen erledigt. Da jeder von mehr Effizienz und Output profitiert, gibt es keinen Grund mehr, sich der Automatisierung zu widersetzen. Das immer weiter steigende Grundeinkommen lässt diese Freiheit zu. Wenn Ihr Job automatisiert ist, können Sie sich alle Zeit nehmen, die Sie brauchen, um neue Fähigkeiten zu erlernen und sich neu zu orientieren, ohne sich um die Finanzen zu sorgen.
Wenn Ihr Chef gemein zu Ihnen ist oder Sie schikaniert, ist es nicht schwer zu kündigen. Sie gehen einfach und verlassen sich auf Ihr Grundeinkommen oder arbeiten freiberuflich für alle öffentlichen Unternehmen da draußen.

Aber was ist mit Innovation? Sind all diese großen, demokratisierten Unternehmen nicht sehr träge?

Gute Frage. Meistens sind sie agiler als die Konzerne des 21. Jahrhunderts, weil die Wirtschaft mehr auf Zusammenarbeit als auf Wettbewerb ausgerichtet ist.

Wenn zwei Unternehmen, die zu 100% im Besitz des Fonds sind, miteinander konkurrieren, kümmert es niemanden, wer gewinnt, da alle gleichermaßen an den Gewinnen beteiligt sind. Das Gleiche gilt, wenn die Unternehmen zusammenarbeiten. Solange die Kosten von beiden berücksichtigt werden, spielt es keine Rolle, ob Unternehmen A eine Million Gewinn macht und Unternehmen B eine Million oder ob A den gesamten Gewinn einstreicht. Das Ergebnis für die Aktionäre ist das gleiche.

Natürlich läuft in großen Konzernen nicht alles rund, deshalb gibt es noch Start-ups. Da kleine Firmen den gleichen Zugang zu Krediten und anderen Vorteilen des Fonds erhalten, ohne Anteile abgeben zu müssen, können die Gründer eine Menge Geld verdienen und gleichzeitig konkurrenzfähig sein. Große Firmen im Besitz des Trusts werden sogar ermutigt und angespornt, Start-ups zu helfen.

So ist ein üblicher Weg für erfolgreiche Gründer, mit 100% Privatbesitz an ihrer Firma zu beginnen. Wenn die Firma wächst, geben sie kontinuierlich Anteile an den Fonds ab, um die Vorteile zu behalten, während sie in dieser Phase übergroße persönliche Gewinne machen. Wenn sie das Unternehmen auf ein Niveau gebracht haben, bei dem entweder die Öffentlichkeit das Eigentum übernehmen möchte oder die Gründer und Investoren bereit sind, zum nächsten Projekt überzugehen, tritt eines der folgenden Szenarien ein:

1. Die Gründer unterbreiten dem Fonds ein Angebot zum Kauf der verbleibenden nicht-demokratisierten Anteile.

Die Fonds-Manager prüfen das Unternehmen, stellen einen umfassenden Bericht und eine Preisempfehlung zusammen. Die Wähler entscheiden dann, ob und zu welchem Preis das Unternehmen demokratisiert werden soll.

2. Die Fonds-Manager machen den Gründern ein Angebot, und wenn sie und die Wähler es annehmen, wird das Unternehmen wieder in den Fonds aufgenommen.

Dies hat zu einem stetigen Strom neuer Unternehmen geführt, die dem Fonds beitreten, während alte, nicht wettbewerbsfähige Unternehmen einfach verschwinden.

Moment mal… Wie kann das funktionieren? Wenn ein privates Start-up mit den Unternehmen, die das Grundeinkommen bereitstellen, konkurriert, bekämpfen die Wähler diese Unternehmen dann nicht heftig?

Eine weitere gute Frage. Anfänglich hat mich das auch beunruhigt. Der Schlüssel zur Lösung dieses Problems war die Festlegung geeigneter Regeln, die verhindern, dass es zu einfach wird, und zweitens die Veränderungen am Arbeitsplatz, die im Laufe der Zeit stattfinden.

Wie bereits erwähnt, ist der Arbeitsplatz im 22. Jahrhundert ein ganz anderer als noch 100 oder 200 Jahre zuvor. Die meisten physischen Arbeiten sind automatisiert, und auch viele Programmierungen, Dienstleistungen usw. werden von der Künstlichen Intelligenz übernommen. Die Hauptaufgaben für Menschen im Jahr 2121 sind Ideenfindung, Kunst und andere kreative Aufgaben. Da außerdem alle großen Unternehmen zumindest teilweise im Besitz des Fonds sind, ist die Zusammenarbeit üblich, und ein Arbeitnehmer arbeitet selten nur für ein Unternehmen.

Kurz gesagt, es gibt wenig Anreiz, innovative Start-ups zu bekämpfen, da sie einem nicht den Arbeitsplatz oder das Einkommen wegnehmen. Tatsächlich werden sie, wenn sie besser und größer als die alten Unternehmen werden, früher oder später Teil des Fonds werden, was zu einer Erhöhung Ihres Grundeinkommens führt.

Nun ist unsere Reise in die Zukunft zu Ende gegangen. Ich hoffe, ich konnte Sie davon überzeugen, dass der demokratische Kapitalismus in einem Best-Case-Szenario durchaus in der Lage ist, unsere Wirtschafts- und Ungleichheitsprobleme zu lösen und zur Lösung der Klima- und Umweltkatastrophe beizutragen, die sich weltweit abzeichnet.

Bitte helfen Sie mir, diese Botschaft zu verbreiten, und scheuen Sie sich nicht, meine Vision zu verbessern und zu erweitern. Und seien Sie dabei nicht dogmatisch.

Egal wie brillant ein Denker ist, viele der Ideen, die heute gut klingen, werden in 100 Jahren dystopisch klingen. Und viele Ideen, die in unseren Ohren des 21. Jahrhunderts schrecklich klingen, werden in ein paar Jahrzehnten normal und wünschenswert sein.

Kämpfen Sie also für ein besseres Morgen, aber seien Sie offen für ein Morgen, das Sie im Gegenzug besser macht.

www.ingramcontent.com/pod-product-compliance
Lightning Source LLC
Chambersburg PA
CBHW070621220526
45466CB00001B/69